東大生が教える！
超《スーパー》英語術

大森有貴

監修●小代義行　絵●平良さおり

ダイヤモンド社

はじめに

日本人は英語が苦手とよく言われます。日本語はアルファベットを使いませんし、語順も違うのでわかる気もします。

ただ、英語を苦手だと思っている方々は、皆難しく「考え過ぎなのかな」と思うのです。結果として肩に力が入り過ぎたり、必要以上に消極的になってしまっている気がします。そんなに身構えずに、必要なことだけを一つ一つこなしていけばいいのではないかと思います。

「将来のために英語がとても重要だ」と多くの人が言います。

僕自身は単純に「英語が好き」と言えばそれまでなんですが……。今回の執筆に際して、世の中で英語がどれくらい使われているのかをあらためて調べてみました。すると、英語を学ぶ実用上の目的は意外に少ないことに気がついたんです。

目的Ⅰ　受験【大学・高校の入学試験】

文系でも理系でも、英語は必須科目で多くの人が受験する。特にセンター試験は、英語の受験者数が最多で50万人が受験する。また、その他、大学生の数を考えると一世代の半分程度が受験することになる。

目的Ⅱ　就職・転職・出世【ＴＯＥＩＣとＴＯＥＦＬ】

約50％の企業が配属時にＴＯＥＩＣのスコアを重視している。また、英語による面接は少ないが、ＴＯＥＩＣのスコアは重要視される。

目的Ⅲ　外資系企業勤務・海外勤務・留学【英語で仕事・英語で生活】

１０００人以上の規模の会社で海外進出率は47・9％（２００１年）。海外留学者は約10万人。

目的Ⅳ　趣味・教養【読書や簡単な会話】

英会話学校の生徒数は68万人（２００５年度）。また、Ⅰ～Ⅲ以外の大勢。

これだけ目的があるとはいえ多くの人が対象になると言うと、やはりⅠ・Ⅱだけになります。

つまり、日本では受験対策とＴＯＥＩＣ・ＴＯＥＦＬ対策が、英語を学ぶ上でまず意識すべき目的になると思います。

さて、そうとわかれば英語の勉強を結構割り切って進めることができます。完璧主義になることなく、目的に合わせて必要なことだけに集中して取り組めば良いのです。

そこで**本書は、東京大学の英語を攻略することを前提に、「いかに英語の勉強を目的に合わせて割り切って進めるか」をまとめた本になっています。**

僕の知る限り、英語学習のノウハウ本は「○万語覚えよう！」とか「○千時間聞きこもう！」などの『量で勝負系』と、「聞き流すだけで英語ができる！」とか「英語は勉強するな！」などの『楽して勝負系』の二つに偏っている気がします。

しかし、僕自身、『量で勝負系』は多くの人は挫折してしまうのではないかと思っていますし、『楽して勝負系』は、そもそもそんなにオイシイ話はないと思っています。

ですので今回は、**「目的を絞り込み」、そして「急所の把握」をし、その上で「データに基づいて徹底省力化」を行い、さらに「続けられる工夫を確立」することによって、できるだけ多くの人に英語の悩みを〝実行可能な方法〟で解決できるヒントをお伝えできればと思っています。**

「東京大学の入学試験なんて私には関係ない」なんて思わないでください。東大の入学試験の英語は難問奇問がほとんどなく、実は良問の集まりです。重視されているポイントも、単純な暗記ではなく、いかに標準的な問題をスピーディに読んだり書いたり聞いたりしていくかが問われています。話すこと以外のすべてが求められますし、内容も標準的です。意外にも、東大入試の英語で求められる力はかなり基本に忠実ですし、見方によっては実用的なものと言えます。

したがって**東大入試の英語対策の考え方は、東大受験生はもとより他大学の受験生やＴＯＥＩＣを目指している人にも通用するものだと思っています。**

今回は僕自身が東大受験時に取り組んでいたノウハウと、現在、塾講師のバイトをしている志塾で東大受験生に対して実践して効果の挙がったノウハウを融合させてまとめています。いずれも結果を出せたノウハウですから、きっと皆さんの役に立つと信じています。ぜひ、皆さん自身の「英語」の目標を一緒に達成しましょう。

よろしくお願いします！

東大生が教える！　超英語術　◎目次

第1章 英語攻略の「目的」を絞り込もう

第2章 東大英語の「急所」を把握しよう

第3章 スピードアップ、そして論理力強化

第4章 「続けられる」工夫を確立しよう

1年間・東大合格プロジェクト

第1章

英語攻略の「目的」を絞り込もう

東大英語は英語攻略の最短コース

東大に入るための英語のノウハウと聞いて自分とは関係ないと思った人はいませんか？　もし、仮にそう思ってしまったら、英語に悩んでいる人にとっては、非常にもったいない話だと思います。

実は「東大英語」の対策をすることは、英語攻略の近道なんです。

理由はカンタンで、とにかく「東大英語」の問題の問われ方は実用的なんです。

東京大学の問題と京都大学の英作文の問題を比べてみましょう。

京都大学のほうは、日本語でもあまり話さないような難しい内容を英文に直させる問題です。さすが、英語の難しさに定評のある京都大学の問題です。

一方で、東京大学のほうは、初めて見た人は目を疑うかもしれません。ＵＦＯについての話が実用的かと言われれば、それは疑問ですが、東大の問題では、ある状況を自由に自分なりに表現することが求められます。この問題に解答するために必要な力は、日常生活の中で外国人に出会った際に求められるアドリブ力と同じです。京都大学の問題で求められる力と比べると、かなり実用的な内容だと言えます。

東大英語と京大英語を比較すると……

2009年　京都大学入試問題より引用

Ⅲ　次の(1)、(2)を英訳しなさい。

（1）冗談を言う人間は低俗な奴と顰蹙を買うことがある。しかし、人間関係における一種の潤滑油としてのユーモアの効用については、もっと認識されて良いのではないだろうか。ユーモアのわかる人間となるためには、幅広い知識と柔軟な思考法、それに豊かな感受性が必要だ。ユーモアのセンスがあると言われることは、最高の褒め言葉である。

2007年　東京大学入試問題より引用

B　下の絵に描かれた状況を自由に解釈し、
40〜50語の英語で説明せよ。

東大英語はかなり実用的！

「東大＝難しい」という印象を持っている方は多いかもしれませんが、**東大入試の英語は、問題一つ一つは決して難しくない**んです。

そして難易度が高くないだけでなく、東大の問題は、他大学の入試問題と比較すると実用性を強く意識した設問内容になっており、ハッキリ言って良問です。

ですから同じ英作文でも、決して難解な文章を英訳させるのではなく、UFOの問題のように自由に状況描写させます。他にも、難解な文章を読ませるのではなく、程よいレベルの文章を、スピーディーに一定の長さに要約させます。リスニングでも、難易度が高いものを聞かされるのではなく、標準的なスピード・内容のものを聞き取ることを要求されます。しかも、ありがたいことにリスニングは音声が二回も放送されます。現実的な場面を考えると、わからないときに聞き直すことはできますので、ある意味、実用的なテストなのかもしれません。

ですから、「東大英語」対策は英語上達の近道なんです。

難問奇問がなく、基礎の定着度を測れるので受験の面で見ても他大学の受験生も参考にすべきだと思いますし、資格などの実用面でも基礎力養成の題材として有効だと思います。

東大英語は難しくない

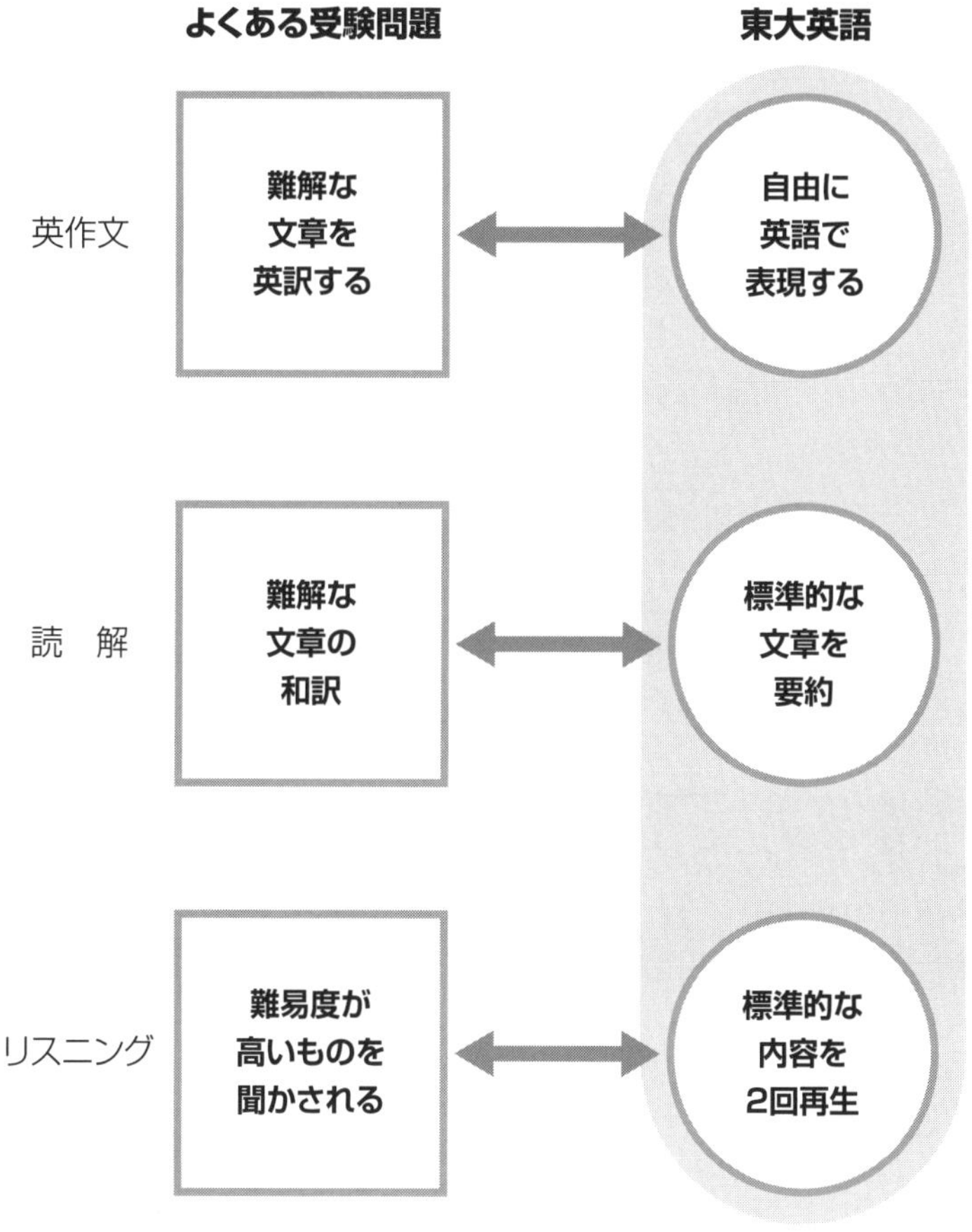

「東大英語」対策は英語上達の近道！

ＴＯＥＩＣも東大英語でＯＫ！

ＴＯＥＩＣというテストをご存じでしょうか？　少なくとも本書を手に取っていただいた英語に関心の高い方々なら、ご存じの方が多いのではないでしょうか。

ＴＯＥＩＣはビジネスマンの実用的な英語能力を測るためのテストです。名前を見てみると、目的が良くわかります。

国際コミュニケーション英語能力テスト
Test of English for International Communication

内容はご存知の方も多いように、半分がリスニングで半分が読解問題です。

そのＴＯＥＩＣですが、実は東大英語と似ているんです。テスト時間が１２０分だったり、リスニングの配点が高かったり、やたらと時間が足りなかったり、内容は標準的で難問が出なかったりと、挙げれば共通点はけっこう多いんです。

ですので、あくまでも僕のイメージなんですが、**東大英語＝ＴＯＥＩＣ＋英作文**になります。

また、ニーズが切実なぶん、ＴＯＥＩＣよりも受験のほうが問題集・参考書が充実していますので、そういう意味でも**ＴＯＥＩＣ受験者の方も東大英語のノウハウを活用しない手はない**と思います。

東大英語とTOEICは似ている

東大英語 ＝ TOEIC ＋ 英作文

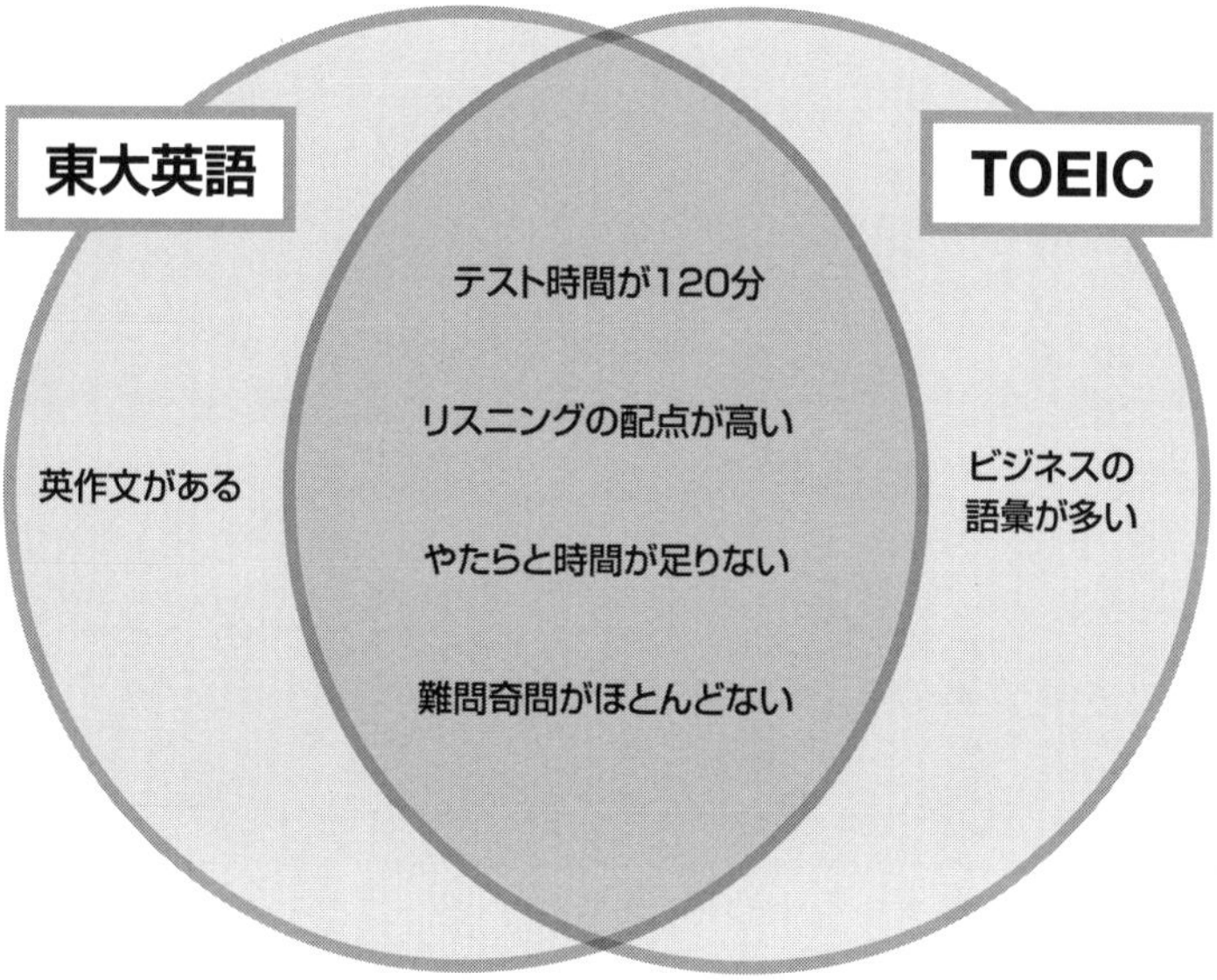

TOEICにも東大英語のノウハウは使える!

少ない労力で最大限の結果を出す

皆さんがこの本を手に取ってくださっているということは、英語習得に何らかの目的を持っているということですよね。

皆さんの目的は何ですか？

自問してみてください。人それぞれいろいろありますよね。「私は東大英語で高得点をとるんだ」とか、「僕は英語ができるようになりたいんだ」とか。どれも素晴らしい目標だと思います。

しかし、目的があまりに抽象的すぎては何からしていけばいいのかが具体的にわかりません。このときに**重要なのは、「目的を絞ってそれに向けて確実に一歩ずつ歩んでいくこと」**です。目的を絞ることで、より効率的な方法で目的に近づけるようになるのです。

当たり前ですが、目的を絞らずにやみくもに勉強したところで、大した結果は得られません。リスニングのテストに向けて、いくら要約の訓練をしても意味がないんです。

できるのなら、少ない労力で最大限の結果を出したいですよね。

目的を絞って効率を上げましょう！

明確な目標を設定しよう

目的を絞れば効率が上がる！

英語を制する者が東大を制する

まず、表を見てください。

東大入試におけるセンター試験と二次試験の得点配分です。

皆さんに知ってもらいたいのは英語の配点の割合です。なんと、全体の４分の1以上を占めているのです！　**英語を制する者が東大を制す**と言っても過言ではありません。

まず、英語は数学などと違い、点数が安定しやすい教科です。確かに数学は、本当に得意な人であれば安定して高得点がとれるのかもしれません。もちろん、数学で安定して高得点がとれれば、入試ではかなり有利でしょう。

しかし、数学がそれぐらい得意になるためには、莫大な勉強時間と経験が必要です。僕も数学は苦手で、高3になってから相当勉強しました。しかし、とうとうできるようにならないままで入試を迎えてしまいました。そして数学は、目標にはほど遠い結果となりました……。

それに対して英語は、大問一つを一気に落とすようなことはまずあり得ません。点数が安定するのは、試験においては精神的にめちゃくちゃラクです。

それだけ、**英語は努力に応じて点数が伸びやすい教科**なんです。頑張って英語を得点源にしましょう。

東京大学の入試試験の配点

		文理	センター		二次試験	合計点	割合
			通常	換算			
国語	現代文	理系	100	12	40	52	9%
		文系			80	92	17%
	古文	共通	50	6	20	26	5%
	漢文		50	6	20	26	5%
数学	ⅠA	共通	100	12	40	52	9%
	ⅡB		100	12	40	52	9%
	ⅢC	理系			40	40	7%
英語			**200**	**24**	**120**	**144**	**27%**
社会	世界史	文系	100	12	60	72	13%
	地理				60	60	11%
	倫理	共通	100	12		12	2%
理科	物理	理系	100	12	60	72	13%
	化学		100	12	60	72	13%
	生物	文系	100	12		12	2%
合計			900	110	440	550	100%

計算を簡単にするため、国語、数学の二次試験の点数は案分しました。
また、理科・社会の選択科目はあくまでもモデルケースです。

英語の配点の割合に注目。
ホントだ、英語の配点が一番大きい！

東大入試の英語の配点は圧倒的！

１２０点中80点は「努力」で取れる！

さて、この東大入試の英語ですが、二次試験の全教科４４０点満点中１２０点満点を占めています。この１２０点中、何点ぐらい取れると思いますか？

「ムズそうやし、半分くらいいちゃうん？」ですって……。

いえいえ、まったくそんなことないんです。

確かに英語には才能とかそんな要素もあるかもしれませんが、１２０点中80点は「努力」で取れるようになるんです。

さて、本当にそんなに点数が取れるのでしょうか。東大英語の問題を実際に見てもらえばわかると思いますが、問題自体は標準的なものになっているんです。

東大合格者の得点状況を見てみましょう。

英語で点数を稼いでいる人が多いことがはっきりとわかりますね。東大受験をクリアするうえで英語を武器にするのは、もはや必須なのかもしれません。

繰り返しますが、**東大英語は１２０点満点中80点は「努力」で取れる**ようになります。もちろん、それ以上の点を取ることも決して夢ではありません。

東大合格者の得点状況

		国語	数学	英語	理社	合計
理系	1	44	40	77	61	222
	2	40	58	73	90	261
	3	32	59	82	72	245
	4	41	63	73	81	258
	5	31	58	81	59	229
	6	31	89	64	87	271
	7	40	60	71	97	268
	8	41	72	94	102	309
	9	42	62	75	82	261
	10	38	50	82	65	235
文系	1	62	51	82	70	265
	2	69	35	79	82	265
	3	68	64	78	84	294
	4	67	51	99	82	299
	5	65	34	76	86	261
	6	72	45	82	75	274
	7	65	50	76	66	257
	8	70	38	85	72	265
	9	68	52	75	68	263
	10	75	43	82	75	275

ランダムに周りの文系・理系10人ずつを
抽出してヒアリングしました。

東大合格者は英語で点数を稼いでいるんだよ！
皆80点ぐらいとってきますね！
ひえ〜

英語で80点は夢じゃない！

では次に、東大の合格最低点を見てみましょう。

『ドラゴン桜』でご存じの方もいるかもしれませんが、宇宙人レベルの理科Ⅲ類を別にすれば、**理科Ⅰ類・Ⅱ類なら二次試験で50％程度取れれば合格**します。

また文系でも、最難関の文科Ⅰ類は60％近いですが、**文科Ⅱ類・Ⅲ類だと53〜55％程度で受かります。**

「え、半分で受かるなんて問題よっぽどムズいんやろなぁ……」

と意気消沈しなくても大丈夫です。

忘れないでください。

前述の通り、英語に関しては**東大の入試問題の内容自体はいたって標準的**なんです。

全体の合計点で半分取れば受かる試験で、標準的な難易度の英語の問題が大きい配点になっているのです。

これはどう考えてもオイシイと思いませんか?

東大の合格最低点

	センター試験	二次試験		合計点	
	割合	最低点	割合	最低点	割合
理科Ⅰ類（工学系）	78.3%	222.8	**51%**	316.3	57.5%
理科Ⅱ類（農学系）	75.2%	219.4	**50%**	312.9	56.9%
理科Ⅲ類（医学系）	80.2%	287.1	**65%**	386.1	70.2%
文科Ⅰ類（法学系）	69.7%	253.2	**58%**	346.7	63.0%
文科Ⅱ類（経済系）	75.7%	241.0	**55%**	334.5	60.8%
文科Ⅲ類（文学系）	76.9%	234.9	**53%**	328.4	59.7%

表の値は2003年度から2007年度までの平均です。

二次試験の合格最低点の算出に当たっては、センター試験の得点率を合格者平均の値を使っています。
具体的には、理科Ⅲ類が約9割で、その他の科類が約8割5分です。

理Ⅲと文Ⅰ以外は半分で十分。

東大は半分ちょいで受かる！

そこで、**数学が苦手な人が東大に合格する夢のプラン**を立ててみました。

英語を80点取って、あとは理科・国語をしのぎ、数学で爆死しても何とか合格を勝ち取るプランです。理科Ⅰ類・Ⅱ類であれば、十分現実的なプランです。

また、二次試験の日程は一日目が国語と数学、二日目が理科と英語なので、英語は最後の教科になります。

この場合、「英語で80点とれるから、数学は40点だけあればいい」というラクな精神状態は有利に働きますから、かなりプレッシャーから解放されます。そして、このことで、英語よりも前の日程の教科で点数が稼げればしめたものです。

ここまでうまく事が運ばなくても、少なくとも入試ではメンタル面が大きく作用するのは事実です。

だからこそ、安定的に点数を取れる英語というのは、こうして大きな効果をもたらします。

「文系は合格最低点の点数が高いから、そんなうまくいかんやろ!」

そう思ったアナタ、大丈夫です。

文系の場合は、国語に学習時間をかけられる分、より英語が安定しやすくなりますし、得点率を考えても、80点取れた場合はかなり有利な勝負が展開できます。

数学が苦手な人の理I・II合格計画

	目標	満点	得点率
英語	80	120	66.7%
理科	60	120	50.0%
国語	40	80	50.0%
数学	40	120	33.3%
合計	220	440	50.0%

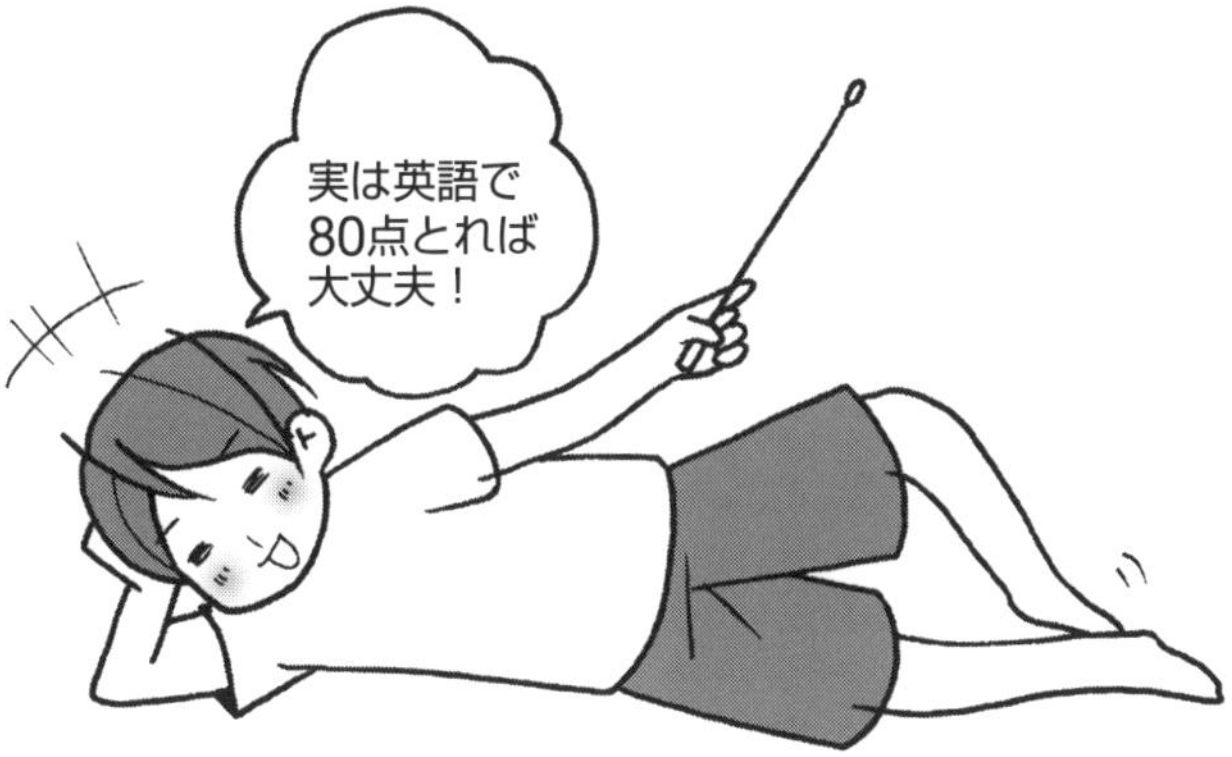
実は英語で
80点とれば
大丈夫！

東大は数学が苦手でも受かる！

第 2 章

東大英語の「急所」を把握しよう

東大英語を徹底分析する

まず、東大英語の問題を分析し、その対策について考えます。分析なので、データが多く、小難しくなっているのはお許しください。中途半端な分析で戦略ミスになるよりいいと思いました。

東大英語は「読む」＝読解、「書く」＝英作、「聴く」＝リスニングがあり、「話す」以外の能力をすべて要求しています。

そうなんです。

東大英語は、世の中の人が思っている以上に総合戦なんです。

また、東大英語は、センター試験のように選択肢問題ばかりではありません。**ごまかしの通用しない記述式の解答を求める問題が半分以上**あります。具体的には、要約問題のように日本語での記述問題がありますし、英作問題のように英語での記述問題もあります。

ただ、いくら総合的で高いレベルの理解力を要求される東大の問題といえども、英語は英語です。問題もきちんと高校生が解けるようになっています。

急所をおさえて対策をしっかりすれば、なんてことはありません。

東大英語のさまざまな形式

番号		分類	種類
1	A	要約問題	読解
	B	段落整序など	
2	A	課題指定 自由英作文	英作文
	B		
3	A	リスニング	リスニング
	B		
	C		
4	A	文法・語法	文法
	B	和訳問題	読解
5		読解総合問題	

東大英語はさまざまな形式がある総合戦！

スピードのテクニックを磨く

次に、東大英語の解答時間を分析してみましょう。

【1Aの要約問題】は、初めこそ時間がかかりますが、速読と要約のテクニックを磨けば、10分で解けるようになります。

【1Bの段落整序】は、『灘高キムタツの東大英語リーディング』（アルク工房出版）などで段落整序問題に特化した参考書や過去問で練習すれば、案外できるようになります。この問題は15分です。

【2の課題自由英作文】は、練習すれば、AB合わせて15分で解けるようになります。

【3のリスニング】は、時間が固定ですが、その準備に時間が必要です。高い点数を取るためには10分準備すれば十分だと思います。合計40分かかります。

【4の文法・和訳問題】は、易しめですので、合計20分程度で解きましょう。

【5の読解総合問題】は、分量があり大変ですが、25分あればいけます。

いろいろな意見を集約すると、標準解答時間の合計は１２５分となり、5分オーバーになります。**普通に解くと時間不足になってしまう**ということですね。ですから、**徹底したスピード対策が必要**です。

東大英語のボリュームと標準解答時間

番号		分類	対象語数 少:100語以下 中:100〜300語 多:750〜1250語	記述式	標準解答時間
1	A	要約問題	中	○	10分
	B	段落整序など	多		15分
2	A	課題指定自由英作文	少	○	15分
	B		少		
3	A	リスニング	中	一部	10分[標準]+30分
	B		中		
	C				
4	A	文法・語法	中		10分
	B	和訳問題	中	○	10分
5		読解総合問題	多	一部	25分
合計			平均3100語		**125分**

普通に解いても間に合わないよ。
時間がオーバーしてしまいました…

東大英語は徹底したスピード対策が必要!

論理力を鍛える

東大英語でスピードの次に必要なのは論理力です。

「論理力」とは、よく使われる言葉の割に説明を求められると難しいですね。硬いイメージの、いかにも勉強って感じの言葉ですので、僕自身も抵抗がありました。

単純に言うと、「文章の意味のつながりや流れを把握する力」です。文章と文章の間の関係を捉え、文全体の構造を把握していくわけです。

文法問題を除くほとんどすべての問題に共通して論理力が必要とされています。

特に**【1Aの要約問題】【1Bの段落整序】【4Bの和訳問題】**は論理力が要求されますし、**【2の課題指定英作文】**でも文章の流れを構築する基本的な論理力が必要ですし、最後の**【5の読解総合問題】**にしても、文章の筋道を速く捉えて、必要部分を拾い読みしていく必要があります。

通常の選択肢問題と違い、**東大英語ではしっかりとした論理力が要求**されます。したがって、**高いレベルの論理力対策が必要**です。

論理力を鍛えて、東大英語の問題をボコしてやりましょう!

東大英語で求められる論理力

番号		分類	求められる論理力	論理力の必要度
1	A	要約問題	論理構造に基づいて冗長部分を省略	特に高い
	B	段落整序など	論理の流れを把握して文章を並び替え	特に高い
2	A	課題指定自由英作文	論理の流れのしっかりとした文章を記述（単語・文法は簡単で良い）	高い
	B			高い
4	B	和訳問題	論理の流れを捉えて正確に和訳	特に高い
5		読解総合問題	話の筋道を素早く理解	高い

高い論理力が
求められるぞ！

東大英語は徹底したスピード対策が必要！

東大英語の設問別配点の特徴

では次に、東大英語の設問別の配点を見ていきましょう。

まず、皆さんに理解していただきたいのは、東大の設問別の配点は公開されていないということです。

実際に予備校ごとの模試の配点も異なっています。

さらに言うと、同一予備校の試験でさえ、回が違うと配点が違っていました。

ただ、それらを横並びで眺めてみると、大体の傾向はつかめますので、何とか代表値を使って戦略を立てたいと思います。

よく見てください。

意外とリスニングや英作の点数の割合が高く、その分、読解の点数の割合が低いと思いませんか？

英作文とリスニングだけで半分近く点数があります。

読解に慣れている皆さんからしてみれば、驚きがあるかもしれませんが、これが東大英語の実態です。

問題に特徴がある分、攻め方によって結果が大きく違ってくるんです。

東大英語の設問別配点の内訳

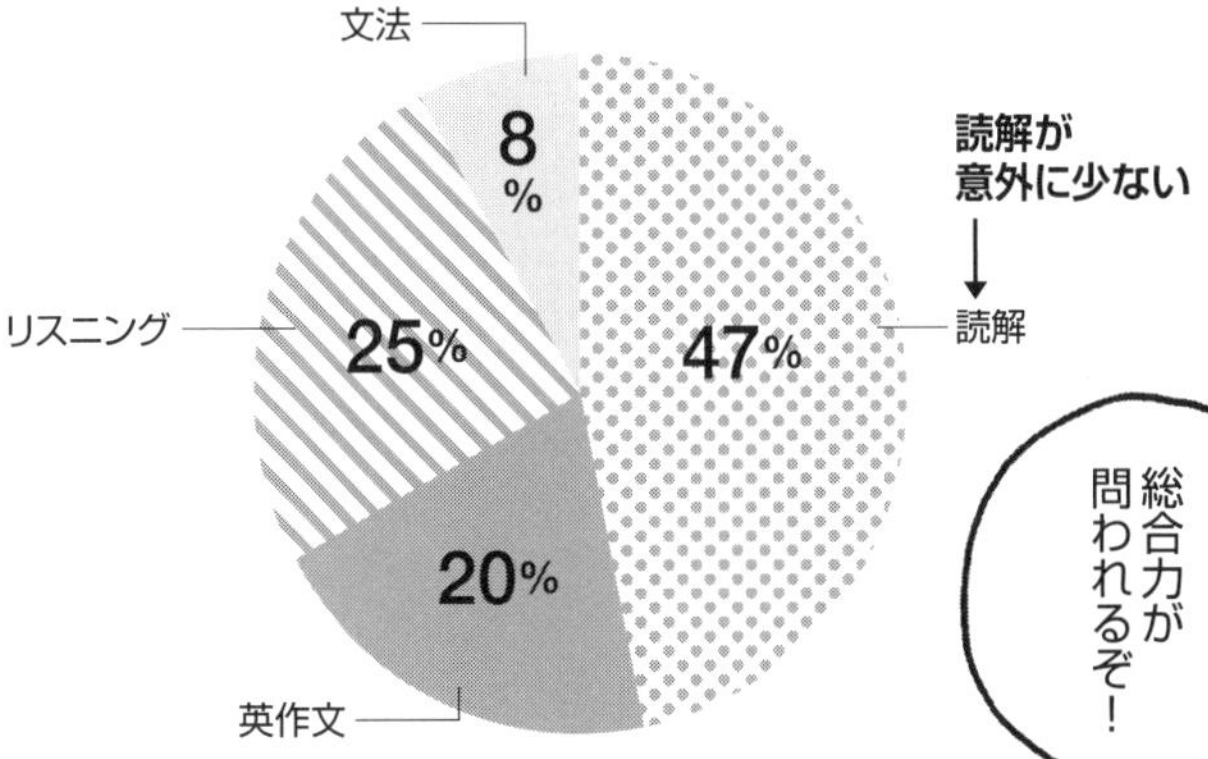
文法
8%
リスニング
25%
47%
読解が
意外に少ない
読解
20%
英作文

総合力が
問われるぞ!

配点が未公表のため各予備校も試行錯誤

番号	分類	種類	S社	K社	Y社	T社
1A	要約問題	読解	12	10	8	8
1B	段落整序・主題把握など		8	12	12	12
2A	課題指定	英作	16	12	9	12
2B	自由英作文		14	12	9	12
3A	リスニング	リスニング	10	5	10	10
3B			10	10	10	10
3C			10	10	10	10
4A	文法	文法	5	10	10	10
4B	和訳問題	読解	15	17	16	12
5	読解総合問題		20	22	26	24
合計						120

読解以外が
結構あるよ!

読解だけじゃダメ。他も大事!

東大英語の狙い目問題ベスト3

ここでは、僕の考える東大英語の狙い目を紹介します。早速いきましょう。

1位　3　リスニング問題

リスニングが苦手という人は多いかもしれませんが、リスニングは訓練すれば誰でもできるようになるんです。

特に東大は**2回音声が流れますし、記号は答えやすく、ディクテーションですら、文章の一部だけで比較的平易ですので、かなり取り組みやすい**です。

2位　2　課題指定自由英作文

自由英作文は、減点法ですから、ミスらない手堅い文章が書ければ、満点も夢ではありません！　**簡単でしっかりした文で書けば、8割程度はいける**と思います。実際に僕は中学生レベルの文しか書いた覚えがありませんが、点数はちゃんとありました。

3位　1A　要約問題

要約というと、難しそうなイメージが強いかもしれません。僕も初めは壊滅的な得点でしたが、練習を始めると徐々にできるようになりました。

要は論理構造を捉えて、一番大切な文を見つけて、字数制限に合わせて必要順に文を付加すればいいだけなんです。

狙い目問題ベスト3

狙い目 第1位　3　リスニング問題

リスニング問題こそが1番の狙い目だね。

問題形式は記号選択とディクテーション（書き取り）なんだけど、音声が2回流れるうえ、記号選択は正誤がわかりやすいし、ディクテーションは大して長くないんだ。唯一、満点が狙える大問と言えるね。

狙い目 第2位　2　課題指定自由英作文

東大の英作はハッキリ言って簡単だ。みんな知っているとおり、採点基準が減点法だから、中学生レベルの文章で丁寧に書けば、満点だって夢じゃないんだぜ。

狙い目 第3位　IA　要約問題

要約って、とても難しそうなイメージがあるわよね。でも、東大のIAは文章もそんなに長くないし、論理構造を把握する訓練をすれば単純よ。「一番大切な文＋α」で、安定して得点できてオイシイわ。

リスニングと英作が狙い目！

どこで80点取るか？

さて、80点とは言っても、パーセントで言うと67％程度です。こうして見ると、案外、取れそうな気がしませんか？

え？　気のせい？

そう言わずに、次ページの目標点とその戦略を読んでください。

現実的な戦略だとは思いませんか？

もちろん、戦略は人それぞれですが、僕はこの目標点はかなりお勧めです。

まず、**狙い目は確実に重視**してください。

これらは外せません。

それ以外で強調したいのは、**「1Bの段落整序・主題把握」**です。

これはクセモノです。文章が死ぬほど長いのに、設問も難しい。労力の割に報われないことで悪名高い問題なんです。

僕が初めて解いたのは、夏の東大模試でした。頭から順番に解いた僕は、見事に1Bにやられました。

最終的には皆さんが東大英語を全部解ききるようになるのが目標の一つですが、始めから問題をすべて解ききれる人は神です。本番で失敗する可能性もあります。

その意味で、**1Bの問題は選択肢問題なので勘でも解答できますから、最後に解くのが無難**だと思います。

80点取るための具体的な目標点と戦略

番号		分類	種類	配点予想	目標点	目標割合	戦略
1	A	要約問題	読解	8点	6点	80%	狙い目③
	B	段落整序など		12点	3点	25%	最悪は勘でもOK
2	A	課題指定自由英作文	英作文	24点	19点	80%	狙い目②
	B						
3	A	リスニング	リスニング	30点	24点	80%	狙い目①
	B						
	C						
4	A	文法・語法	文法	10点	5点	60%	1Bで節約した時間を投下
	B	和訳問題	読解	12点	9点		
5		読解総合問題		24点	14点		
合計				120点	**80点**	67%	

狙い目をとれば、
1Bが勘でも
80点とれる!

狙い目重視で、1Bを後回し!

最適な解答順序を見つける

東大英語の問題についてある程度知っていただいたところで、問題を解く順番についてお話ししたいと思います。

最終的には全部解くし、順番は関係ないのでは？　と言う方もいるかもしれませんが、考えてみてください。入試では、英語力が相当ある人でさえ時間ギリギリに終わったり、場合によっては間に合わないこともあります。本書を読んで勉強法を知り、東大英語に対抗する力が十分についたとしても、本番で必ずしも間に合うとは限りません。なにせ入試ですから……。

だから僕が強調したいポイントは、狙い目を重視した順番で解くということです。

特に、**「【3のリスニング】の準備に十分な時間をかける」**と、**「【1Bの段落整序】を最後にする」というのはお勧め**です。

また、読解と比べて比較的に所要時間を予測しやすい**【1Aの要約問題】**と**【2の課題英作文】**を先に取り組むこともお勧めです。年度ごとの分量の違いも少なく、試験中の焦りをかなり防ぐことができます。

ただ、解答順には唯一の正解はありません。ここで述べる解き方というのは僕のオススメにすぎません。

皆さんそれぞれが試行錯誤して、最終的に自分に一番合ったやり方を見つけてください。

解答の順序と時間配分例

(分)	試験開始		
0〜	1A	狙い目を先に片付け、確実に高い点数を確保。	
5〜	要約問題		
10〜	2AB		
15〜	英作文問題		
20〜			
25〜	4A	リスニングが強制的に始まるので途中で中断しても支障がない文法問題を直前に入れる。中断した場合、リスニング後に解く。	
30〜?	文法問題		
35〜?	リスニング問題	問題・選択肢を事前に確認! 5分で軽く見るよりも思い切って10分投資して、確実に点数を取りにいく!	
40〜?	事前確認		
45〜?	3ABC		
50〜?	リスニング		
55〜?			
60〜			
65〜?			
70〜?			
75〜?	4B	読解総合問題を読み切れないことを想定して、先に取り組む。	時間配分は年度ごとに設問ごとの分量が違うので微調整する。
80〜?	和訳問題		
85〜?	5	残り時間を常に確認しながら読む。	
90〜?	読解総合問題		
95〜?			
100〜?			
105〜			
110〜	1B	時間不足の場合は残り時間5分の時点で勘で解く。	
115〜	段落整序・主題把握		
	試験終了		

狙い目を先に! 読解はあとで!

必要な読解スピードは156語／分

実際に解いてみるとわかりますが、**東大の読解問題は本当に時間が厳しい**です。

そこで、読解の速さの指標として「語／分」を目標値として求めてみました。

今回は概算のため、単純に読解問題のすべての語数を読解にかけられる時間で割って簡単に計算しましたが、参考になるはずです。

小難しいことではありますが、合格には必要ですので、お付き合いください。

まず語数です。

誰もが知る赤本に書いてありましたが、東大英語の語数で一定になっているものは、**【1Aの要約問題】**と**【1Bの段落整序】**と**【5の読解総合問題】**の語数の和で、実際に2100語ぐらいで一定になっているようです。実際には読解は**【4Bの和訳問題】**も対象ですので、今回はそれを加えました。それでも一定ですね。

次に、先ほど立てた解答順序の計画の解答時間を参考にして読解時間を算出して、最終的に「最初の流し読みと解答するための確認の読み」などで2回読むことを想定して、語数／分を概算しました。

必要な読解スピードは156語／分です。

半端ないですね。頑張りましょう。

必要な読解スピードを算出すると……

問題／年度	各読解問題の語数				読解の和
	1A 要約問題	1B 段落整序	4B 和訳	5 読解総合問題	
2009年度	291	920	223	889	2323語
2008年度	265	912	221	959	2357語
2007年度	281	744	204	1230	2459語
2006年度	243	1098	124	767	2232語
2005年度	217	768	338	1010	2333語
2004年度	271	749	246	1042	2308語
平均	261.3	865.16	226	982.83	**2337語**

ほぼ一定

解答時間	10分	10分	10分	25分	55分
読解時間の割合	50%	50%	80%	50%	55%
読解時間	5分	5分	8分	12分	30分

平均して読む回数を2回とすると…
2337語×2回÷30分＝156語／分

半端ないスピードです
必要な読解スピード　**156語／分**

目標は156語／分で読むこと!

求められるリスニングスピード

リスニングについても読解と同様に求められるスピードを分析してみました。

こちらのほうも徹底的に調べました。次のページに表が載せてありますが、流れてくる英語の平均速度は約１３９語／分です。これは、東大英語における「最低限の聴解速度」です。

ただ、平均で満足していてはいけません。

実際に過去のデータを見てもほとんどのものをカバーするためには、１５０語／分は必要です。

このスピードは一般的に言っても速くもなく遅くもない程度であり、極めて標準的だと思います。

ここで強調したいのは、先ほどの読解スピードはネイティブ・スピーカーがスクリプトを読むスピードとさほど変わらないということです。

どうですか？

東大英語の鬼っぷりがわかってもらえましたか？

でも、何度も繰り返しますが、本書に書いてある勉強法を実践すれば、間に合って解けるようになります。

大丈夫です。

リスニングに必要なスピード

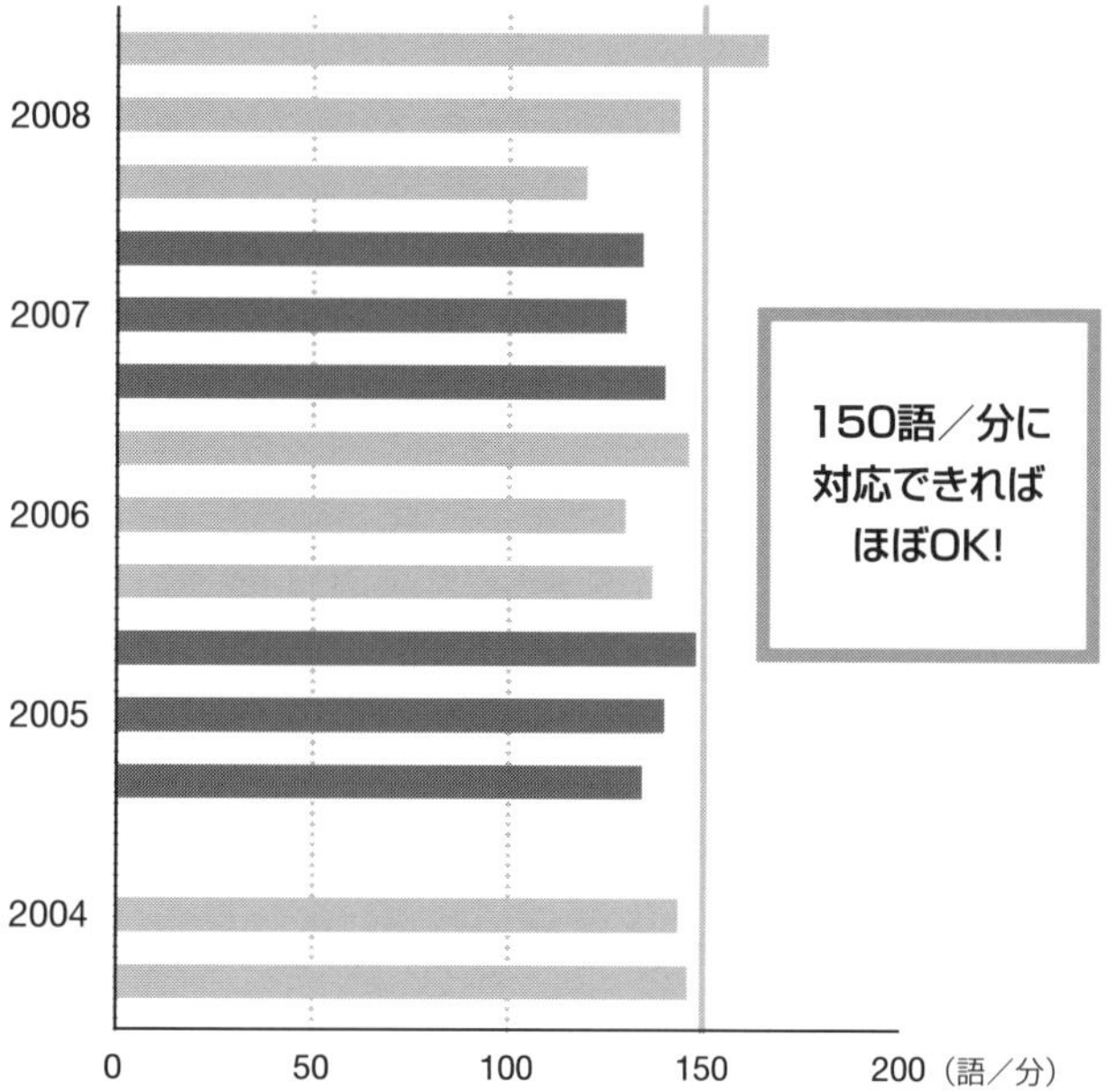
2008
2007
2006
2005
2004
150語／分に
対応できれば
ほぼOK!
0
50
100
150
200（語／分）

必要なスピードは150語／分
とにかく慣れること

詳しい分析情報は下記サイトよりダウンロード可
http://www.shi-juku.com.eigojutsu/

150語／分のスピードに慣れること！

【東大合格の極意 新・受験技法】より引用

基本的には、「一読して全体の流れや内容を大きく把握する力」を鍛えながら、ポイントポイントでは英文の正確な「構造分析」ができるようにしておくことが大切だ。もっとも、出題される英文自体は昔に比べて易しめになっていて、構造分析といってもそれほど高度なものを要求されるわけではないので、恐れる必要はない。

こうした傾向変化に対しては、いたずらにレベルの高い単語集や文法問題集をやってから、最後に長文対策をやるという〝旧式〟の勉強法は通用しない。これは、東大の教官も認めている。『東京大学新聞』（東京大学新聞社）からその発言を引用してみよう。

「どれだけの量の英語で書かれた平易な文章を読み、そして聞いたか。もちろんただ読み・聴くのではなく、その論理の展開を追いながら、そこに出てくる単語や表現を押さえていく」

「『もう間にあわないや』という人のために一言。これから入試当日まで、とにかく多量の英文を浴びましょう」（1996年9月24日号より、内野儀氏の発言）

「意味もなく難解な問題集を勇気をもって破棄して、そして素直な英文（高校1、2年生のリーダーなども使えるでしょう）を毎日一

定時間、繰り返して声に出して読み、またスラスラと文字に再現できるよう、基本の稽古に打ち込んでください。」（1995年9月26日号より、佐藤良明氏の発言）

入試問題の分析からも当然そういう結論が出るが、東大の教官、そして合格者の経験からも、「英文の大量読み込み」が東大合格のカギを握ることで一致しているのである。

毎年、改訂版が発売されています。東大受験生はぜひご一読を!!
とりゃ

Wada Hideki's
2009年度版
新・受験技法
東大合格の極意
Wada Hideki 和田秀樹
合格者だけが知っている
勝ち組バイブル！
史上最強メソッド！
「和田＋現役東大生」が徹底解析！

『新・受験技法』（新評論）

Column

その時、僕は……

音楽でリラックス

僕の入試の時の話をしようと思います。

まず、入試会場に行く時にビビりました。

「こんなようさん受験者おるん!?」って感じです。で、教室に着いたら、案外友達同士で話している人が多かったです。話している内容を盗み聴いたところ、

「俺、去年数学でマジパニクったんだー。それでさー、なんたらかんたら……」

という浪人生と思われる人の経験談だったり、

「早く終わんねーかなぁ」

という普通の会話だったり、

「俺、昨日全然寝てねー……」

という絶望に満ちた独り言だったりでした。

一番印象的だったのが、ずっといちゃいちゃしていたカップルですかね。彼女のいない僕はそれを羨ましく思いながらも、懸命にその光景を振り払う努力をしました。ちなみに、その二人は今もキャンパスで見かけます。羨ましいですね……はい。

次に印象的だったのが、羽ペンと剣、もとい開成の受験者です。そこらじゅうでその校章を見かけるんですよ。こんなので圧倒されてはいけないんですが、数学の答案回収の時に、開成の人と答えが全然違うのを見たとき

入試当日の様子　その1

入試直前

数学終了後

いろいろな受験生がいます！

はさすがにヘコみましたね。

進学校は大抵固まっていますから、それを気にしない精神力が必要です。その対策に僕は音楽を聴いていました。メッチャ、リラックスできます。音楽の偉大さを痛感しました。

そういえば、入試の二日とも緊張のせいか、昼ご飯があまり食べられませんでした。代わりに、持ってきたチョコレートやブドウ糖をムシャムシャ食べてました。試験直前にもブドウ糖は食べていましたね。周りを見ても結構そういう人がいました。実際、糖分の摂取は頭にいいみたいです。

で、理系は本郷で受験するんですが、またまたマジびびります。受験会場に報道陣とかなかなかいないですよ。正門から入っていく受験生を撮っていました。

僕が受験した教室は新聞に写真が載ったんですが、一教科目の国語の前に大量のカメラが現れました。さらに、受験が終わって宿に帰る時もまた正門付近にカメラマンがいました。

帰る時には、非日常すぎてむしろ楽しかったですね。当然、試験が終わるまでは楽しんでいる余裕なんて皆無でしたが。

まぁ、よく言う「解答欄以外の空白部分には何も書かない」を気にしすぎて、国語のときに5分以上消しゴムで空白部分を一生懸命キレイにしていたのは、ここだけの話です。

入試当日の様子　その2

昼休み

国語試験中

受験会場は非日常です！

第3章

スピードアップ、そして論理力強化

「スピード＋論理性＋基礎」を手に入れる

ここからは、これまで分析した東大英語への具体的な対策を紹介します。

分析で明らかにしたのは、東大英語はとにかく**スピード重視**だということです。

具体的には156語／分で読んだり、150語／分のスピードの音声を聞きこなしたりしなければいけません。

とにかく、約150語／分で英語をインプットできなければいけないワケです。

解いてみると痛感しますが、半端ないです。

そして、スピードの次に求められるのは**論理性**でした。

厳しい時間制限の中で、標準的な文章の論理構造を確実につかんだり、しっかりとした論理展開で課題英作文を記述したりしなければなりません。

ですので、本章では「スピード対策」と「論理性対策」を軸に説明します。

そして、その二つと合わせて、英語力全体を下支えする「**基礎対策**」を章の最後でまとめます。

また、章全体としては、**可能な限り省力化して、量で勝負のような精神論にならないように意識**しました。

では、始めたいと思います！

よ〜し、行くぞー

東大英語を打ち砕く！

スピード対策／基本①
「OKの基準」を明確にする

一口に「スピード対策をする」と言っても、本当に早く終えることができたのかどうかを確かめなければいけません。

スピードに質が伴わなければ元々の目的を達成したことにはならないと思います。

でも、正確に、かつ、スピーディーにと言われても、「いきなりそんなん無理やろ！」と誰もが思うと思います。

そんなときにお勧めしたいのが、自分が勉強したことを本当に身に付けられたかどうかの「OKの基準」を作ることです。

「OKの基準」と言ってもピンと来ないかも知れませんが、別の言い方をすると、「この基準をクリアすればテストに対応できると言えるもの」のことです。

例えば、勉強を自分ではかなりやっているつもりなのに、テストになると全然結果が出ないことってありませんか？

もし、いつでも手応え通りの結果を出せる人がいたら、教えてください。弟子入りします。少なくとも僕は、勉強した際の手応えと結果との差に深く悩んでいた時期がありました。そして、悩んでいた時期に壁を乗り越えるきっかけになったのが、この「OKの基準」

宿題は自力でねー

確かにものすごく速く宿題はできます。

ここだけの話、僕もよくやりましたが、これでは何の力もつきません。自力で宿題を手早く終わらせるのが理想です。

速いだけでは意味がない！　質を高く、速く！

なんです。

「OKの基準」は何を学ぶかによって違ってきそうですが、僕のアイデアでは、あまり何をやるかによっての違いはありません。

具体的に言うと、まずは**勉強したことを「人に話せるか？」というカンタンな基準で身に付いているかどうかを判断する**ようにしました。

例えば、覚えたり理解したりしたことを、友達に話してみたり、先生に話してみたりしたんです。

もちろん、どんな友だちでも自分の勉強にずっと付き合ってくれるわけではないですから、そういったときは、誰かに話す代わりに、**「白紙のノート」に何も見ないでどこまで理解しているか書けるか試す**ことをしていました。

これは、読んでフムフム言っているよりも、まずやってみることをお勧めします。というのは、やってみるとわかりますが、意外に書けないもんなんです。

テストで痛い目にあう前にわかっていないところが浮き彫りになりますよ！

どこまで理解してる?

読んでフムフム派

よし、今日は分詞構文の範囲が終わった!
パラ…
もう一回、目を通しておくか…
よし、覚えた!!
俺って天才!!
後日
65
え!?　分詞構文
ボロボロ…
わかったはずなのに…

実際に書いて確認する派

よし、今日は分詞構文の範囲が終わった!
カリ
カリ
本当に覚えているかどうか書いて確認してみよう
!!
おっと、付帯状況の用法忘れてた!
あぶないあぶない
後日
87
良かった!　分詞構文は満点だ♪

覚えたことを教材を見ずに書けるか確認すること!

スピード対策／基本②
時間当たりの成果をチェックする

スピードが要求されるもので、すぐに思い浮かぶものは何でしょうか？

いろいろとあると思いますが、僕はスポーツが思い浮かびます。そしてその中でも、常にコンマ何秒以下の世界でタイムを競っている陸上競技の短距離走なんかはどうでしょうか。

「なんでいきなり短距離走の話やねん！」と思われたかもしれません。

ですが、僕がスピードの壁にぶつかったときに、悩んだ挙句に考えたことは、**他のスピード重視のもののノウハウを参考にする**ということだったんです。

そこで、まずは**ストップウォッチを導入して一つの文章を読むのにかかる時間を計りました。**

そうすると、一つの文章当たりにかかった時間がはっきりするので、確かに同じ文章を復習で解いた時には以前より速くなったことがわかってよかったんです。

ですが、結局、文章ごとに長さが違うので、平均するとたぶん速くなっているだろうという曖昧な情報しか得られず、イマイチ、成果を実感できない時期が続いていました。

距離が毎回微妙に違う短距離走なんて嫌ですよね。

ストップウォッチを導入

常にタイムアタックをしよう!

一方、勉強では常に同じと言うのは単語や熟語などの数などはあてはまりますが、英語のメインである読解問題では、文章や問題単位の差が大きく役に立ちません。

そこで、少し短距離走から離れて考えてみたのは、部活の練習のトレーニングでした。単純な話、一定の時間にどれだけ走れたかを測るものでした。

答えが出たら何だこんなことかと思うかもしれませんが、僕にとっては一つの大きな発見でした。その後は、すべての学習が単位時間当たりにどれだけできるかを考え、自分のスピード力を測りながら取り組みました。

最終的には、読解は1分間当たりの語数が最終指標になりました。

時間を計りだしたキッカケはスピード対策でしたが、他に二つの大きな波及効果が生まれました。

一つは**時間当たりの成果がわかることで学習の生産性が見えるようになって成長を実感**できるようになったことです。

そして、もう一つは**単位時間当たりの学習可能量がわかったことで学習計画の精度が向上**しました。

【参考　お勧めストップウォッチ】

「TEV-4013-BK」

（http://store.shopping.yahoo.co.jp/ginza-sacomdo/tev-4013-bk.html）

スポーツオーソリティなどの総合スポーツショップでも売っています。このページで買うと、819円で買えます（2009年5月現在）。スポーツオーソリティでは1300円ぐらいになるようです。
まあ、ここでお金を使いたくなければ、普通のストップウォッチでも十分ですが。ただ、やはりタイマー機能は便利ですよ。

自分のスピードを測ってみよう！

スピード対策／基本③
語数付きの読解教材を利用する

第2章の「急所」の把握で細かく見たとおり、東大英語の中で特にボリュームがあるのは読解問題です。

そして、読解のスピード対策をする上では「単位時間当たりに読めた語数」をチェックしながら、自分のスピードを把握し、**合格に必要なスピードである１５６語／分以上を安定的に達成することが大切**です。

ただ、語数を数えると言うのは意外に面倒な作業です。

そして、どんなにスピード対策の一環とはいっても、語数を数えること自体は勉強ではありません。

残念ながら「この英文は何語でしょう?」という問題は出ませんので、語数計算を極めても合格しません。

具体的な対策としては、語数付きの読解問題集の積極的な利用をお勧めします。

次ページに主要な読解問題集の中で語数が明記されているもののリストを載せておきます。

また、**語数付きの読解教材の中では、僕は特に速読英単語シリーズをオススメ**します。

理由はいくつかあります。

①音声教材があること

語数付きの読解教材のリスト

			CD（別売含む）
河合塾	速読のプラチカ		
河合塾	精読のプラチカ		
東進ブックス	英語長文レベル別問題集	基礎編	○
東進ブックス	英語長文レベル別問題集	標準編	○
東進ブックス	英語長文レベル別問題集	中級編	○
東進ブックス	英語長文レベル別問題集	上級編	○
東進ブックス	英語長文レベル別問題集	難関編	○
Z会	英語総合問題のトレーニング		
Z会	速読英単語	入門編	○
Z会	速読英単語	必修編	○
Z会	速読英単語	上級編	○
Z会	速読英熟語		○
Z会	多読英語長文		○

語数付きの読解教材を活用しよう！

②レベル別に分かれていること
③難易度が東大と整合性が高いこと
④英文の長さが手頃で読みやすいこと

単語集ですが、十分読解教材として通用しますので、ぜひ、活用してください！

しかし、読解問題集のほとんどは語数が書かれていません。本書をきっかけに世の中のすべての読解問題の参考書に語数が書かれることを期待しますが、当面は無理でしょう。ですから、語数の書いていない参考書を利用する場合は、語数をいかに楽して数えるかがカギとなります。

ここでは、完璧主義になってはいけません。1語単位での語数の正確性にこだわっていると、ムダに時間がかかります。目指すべきは読解力のスピード向上ですから、まずは**文章全体の語数をいかに概算するかが大切**です。

具体的には、問題集ごとに1行当たりの語数を計算して、それに行数をかけて概算するとうまくいきます。

最初は面倒ですが、1冊の問題集は比較的長く使いますので、この方法は便利ですよ。

速読用教材　速読英単語シリーズ

単語集ですが、僕はこれらは読解のスピード対策として
使うことをお勧めします。
自分のレベルに合ったものからどうぞ!

●速読英単語
入門編（Z会出版）

●速読英単語
上級編（Z会出版）

●速読英単語
必修編（Z会出版）

目指すは読解力のスピード向上！

スピード対策／読む①
常にタイムトライアル

最初に強調したいことは、**常に時間を測って読むこと**です。

「毎回測るとかダルいし……」

と思うかもしれません。僕自身、初めから徹底できていたわけではありません。しかし、夏の東大模試でブチのめされて気付いたんです。

例えば、問題集で問題を解いているときにはできるのに、テストになると正解できないという経験はありませんか？

僕もそんな経験を夏の東大模試でして、さすがにヤバイと思い、問題集とテストにおける差を考えてみました。

大きな違いは二つでした。

問題集は時間を自分で設定できるのに対してテストは常に時間が決まっていることが一つ目。

二つ目は、**問題集はテーマ別なので例題の解き方を真似すれば良いだけなのに対してテストはバラバラに出題される**ということでした。

読解問題の場合は、文法問題と違ってテーマ別に文章が並んでも設問の形式は文章ごとに違います。ですから、二つ目は特に意識する必要はありませんが、一つ目のタイムトライアルという点は重要で、普段から時間を意

常に時間を測って読む

テストを解くとき

問題集を解くとき

参考書とテストではこんなに違う！

識しながら取り組まないと本番での時間不足が多発します。

　僕はまず**スピード感を持って英語をこなしていくイメージを頭に定着させることを重視**しました。

　具体的には、難しい英文にチャレンジして時間をかけて読み解いていくのではなく、むしろ、少し難易度の低い易しめの文章をスピード感を持って読み進めていくことを重視しました。

　そして、できるだけ早い段階で、東大の入試問題をこなすために必要な156語／分の壁を突破した状態を作り出し、その上で読む文章の難易度を上げていくことを実践しました。

　いろいろと意見はあると思います。一番大きい反論は恐らく、

「カンタンな問題をたくさんこなしても、難しい文章解けるようにならへんし、意味ないんちゃう？」

　というものでしょう。

　ですが、**難しい文章を読みこなしていくこと以上に、東大で求められるスピードで文章を読んでいくことは難しい**んです。

　東大のスピード重視の問題は本当に半端ないですから、東大重視の学習を展開する場合は、まずはスピード重視の学習法のほうが報われやすいと思います。

スピード感を持って読む

東大英語は腕力よりもスピード重視！

スピード対策／読む②

精読と雑読を使い分ける

東大英語で求められることは文章を速く読むことですが、もう一段掘り下げて言うと、**【1Aの要約問題】や【4Bの和訳問題】で求められるのは「速く正確に読むこと」**であり、**【5の読解総合問題】で求められることは「速く必要部分を中心に拾い読むこと」**です。

いずれにしろ求められるのは速く読むことですので、東大では2つのタイプの速読が求められていることになります。

世の中では、速読、多読、精読、英文解釈などの言葉があふれていますが、東大で求められる「速く正確に読むこと」と「速く必要部分を中心に拾い読むこと」に完全に対応する言葉はないように思います。

敢えて言えば、**「速く正確に読むこと」は『速い精読』**です。ですが、「速く必要部分を中心に拾い読むこと」は単に速読と呼ぶのは安直過ぎて、大事な考え方が伝わらないと思っています。

ですから、僕は「拾い読み」を極めるという意味で敢えて『雑読』と呼ぶことにしました。したがって、**「速く必要部分を中心に拾い読むこと」は『速い雑読』**と言えると思います。

しかし一方で、世の中にはさまざまな読解

速い精読、速い雑読

精読

えーと
butがあるから
こことここの内容が
逆の内容で…

雑読

ここは
具体例だから
内容がわかれば
不要だな…
うーんと

精読と雑読はどちらもスピード重視！

用の参考書があります。

これらはさまざまな受験生のニーズに合わせて作られているわけですから、必ずしも東大受験生に対して最適化されているわけではありません。

また、読解の教材だけは、これだけやればOKというものはなく、基本的に時間の許す限りどんどん読むべきものですから、そういった意味では、**良い読解の教材を幅広く知っておくことは大切**です。

そこで、今回は自分の利用した実績と塾での指導経験を踏まえて、世の中で定評のある読解の参考書を整理してみました。

整理の際に、重視したことは、**「読解の仕方を学ぶ読解法教材であるか」**、あるいは、**「問題集としてどんどん読解するための教材か」**をまず分けることでした。

また「問題集」については、和訳や要約で求められる**「精読用問題集」**と、読解総合問題で求められる**「雑読用問題集」**に分けて整理しました。

なお、特に有用だと感じている問題集には◎をつけました。

読解教材は三つの目的に合わせて利用してはどうでしょうか。

読解教材は目的に合わせて

		読解法教材	問題集	
			精読用（和訳・要約）	雑読用（総合問題）
旺文社	必修英文問題精講		○	
	基礎英文問題精講		◎	
	標準英文問題精講		○	
	速読即解英語長文		○	
	速読英語長文トレーニング Level1		○	
	速読英語長文トレーニング Level2		○	
河合塾	速読のプラチカ			○
	精読のプラチカ			○
	構文把握のプラチカ		○	
	記述（要約・説明）問題のストラテジー	◎		
駿台文庫	英語総合問題演習［基礎編］			◎
	英語総合問題演習［中級編］			◎
	英語総合問題演習［上級編］			◎
	英文和訳演習［基礎編］		○	
	英文和訳演習［中級編］		○	
	英文和訳演習［上級編］		○	
	ビジュアル英文解釈 PartⅠ	◎		
	ビジュアル英文解釈 PartⅡ	◎		
東進ブックス	英語長文レベル別問題集　基礎編			○
	英語長文レベル別問題集　標準編			○
	英語長文レベル別問題集　中級編			◎
	英語長文レベル別問題集　上級編			◎
	英語長文レベル別問題集　難関編			◎
Z会	英文解釈のトレーニング　必修編	○		
	英文解釈のトレーニング　実践編	○		
	英語総合問題のトレーニング			○
	ディスコースマーカー英文読解	○		
	速読英単語　入門編		◎	
	速読英単語　必修編		◎	
	速読英単語　上級編		○	
	速読英熟語		◎	
	多読英語長文		○	
桐原書店	英文解釈の技術100		○	
研究社	英文読解の透視図		◎	
語学春秋社	横山ロジカル・リーディング講義の実況中継	○		
	横山ロジカル・リーディング講義の実況中継　実戦演習①			○
	横山ロジカル・リーディング講義の実況中継　実戦演習②		○	

読解教材は読解法・精読用問題集・雑読用問題集に分ける！

スピード対策／読む③

精読を極める

「速く正確に読む」はかなり欲張りな目標です。そんなことがカンタンにできたら、勉強で苦労はしません。

僕自身も軌道に乗るまでは苦労しました。そして、今振り返ってみるとその苦労の原因は次の四つの大きい壁だったと思っています。

それは、「①単語・熟語・文法の壁」「②意訳の誘惑の壁」「③論理性の壁」「④英語固有の難しさの壁」です。

「①単語・熟語・文法の壁」は、膨大な量をこなす必要があります。ただ、工夫はありますので、詳細は後述します（P126〜）。

「②意訳の誘惑の壁」は、文章を各単語の意味を適当に頭の中でつなげて、脚本家のように自作の物語を作って意訳してしまうものです。

この壁の打破のために実際にしたことは、徹底的に逐語訳することでした。

具体的には、**1語たりとも漏らさずにすべての単語の意味が確実に反映されるように訳す**ことをしました。

この**一語単位でのこだわりが自己の理解が甘い部分を浮き彫り**にし、結果として壁の打破につながったと思います。

「③論理性の壁」は、東大英語の中ではス

妄想のストーリー

…難しいなぁ…
うーん…

そういえば
girlfriendとfail
って単語がある
な…
ピーン

筆者がフラれて
ヤケ酒したせいで
アル中になる話
とか？

文章中の単語から妄想してしまうと

答えと
全然違う!!

こうなるのは当然です。でも意外にこういうパターンは多いです。気をつけましょう。

本文に忠実に読まないと大変なことになる！

ピードの次に要求されるものなので、高レベルの対策が求められます。具体的には、後述します（P110〜）。

「④英語固有の難しさの壁」は上位を狙うためには大きな壁になりますが、日本語にはない英語固有の難しさは大きく二つあります。

一つは、英語の文章をどの部分で区切って訳していくかを判断することです。

この文章をどこで区切るかは、漢字とひらがなが混在して、かつ、句読点が比較的に多い日本語ではほとんど問題となりませんが、音を表すアルファベットの羅列である英語では、誰もが苦しむ難所となっています。

この対策としては、**常に文章を読む際に切れ目に印をつけていくこと**だと思います。そうすれば、間違えたときにすぐにそこに戻って修正することができ、改善していけます。

慣れてきたら、自分が読んでいて止まったところだけに印をつければいいでしょう。

二つ目の英語固有の難しさは、倒置・省略・挿入などの例外文への対応です。

これらの例外的文章は、東大英語はもちろん、他大学でも難しさを演出するために、確信犯的に出題されています。

この対策としては、**例外系だけを集めた『英文読解の透視図』（研究社）がお勧め**です。

英語固有の難しさ……

どこで区切るかわからない……

We can view utterances as acts of various kinds and the exchanges of utterances of acts.（＊）
（京都大）
意味不明……
いや

主語がわからない……

Without the aggressive active side of his nature man would be even less able than he is to direct the course of his life or to influence the world around him（＊）
（神戸大）
主語ってどこからどこまで!?
ギャ

共に『英文読解の透視図』（研究社）より引用

どちらも誰もが苦しむ難所！

スピード対策／読む④
雑読を極める

『雑読』を極めるために大切なことは『精読』を極めることです。

元々、文章を正確に読めていない状況で、『雑読』をしようとしても、そもそも必要なところを正確に判断できず、ボロボロになってしまいます。

例えば、「速読系」の本で、目を速く動かしたり、右脳を活性化したりするものをよく目にしますが、ゆっくりとでも正確に読めていない人が、目を速く動かしたらどうなるかは容易に想像がつくでしょう。

雑読は時間的に極めて厳しい状況の中で必要情報を拾うことを求められます。大切なことは、まずは**情報の取捨の基準となる「設問で問われていること」を事前にしっかりと把握した上で読むこと**です。

このときに最も注意すべきは、読解問題の設問内容が部分的な場所を拾えば対応できる問題なのか、文章全体を把握しておかなければいけない問題なのかということです。

特に**文章全体の把握が必要な問題は数が少ないので、文章を読み出す前に設問を事前に頭に叩き込むことが大切**です。

究極に厳しい条件下で雑読するには、大胆に省いて読むしかありません。

東大英語の読解に焦点を当てると、**雑読する上で、省ける可能性があるのは、①設問解答に必要ない部分、②知っている内容、③論**

必要情報を拾う

精読ができないのに……

計算問題で右脳は活性化したし、あとは目を速く動かすだけ！
目を速く！目を速く!!
目を…速く…
全然わからない〜！

精読ができる人は……

今日は雑読を練習しよう!!
フム　フム
ここは解答に必要だからいつも通り精読…
パラ…
お、ここは背景知識があるし流して読んでみるか…
いつもより速く読めた!!
わーい

まずは精読を鍛えよう！

理構造的に冗長な部分の三つだと思います。

「①設問解答に必要ない部分」は、最後の**【5の読解総合問題】では、聞かれることが部分的な箇所を特定すれば対応できる問題が多いので、大胆に飛ばす練習をすることが大切**です。

文章全体を把握する問題のために必要な最低限の流れをつかみながら、不必要なところを大胆にスピードアップすることです。

割り切って読むことは、性格が真面目な人ほど抵抗感があるかもしれませんが、練習の効果がかなり高く見込めます。

「②知っている内容」については、地道に知識を増やしていくしかありません。ただ、良い考えがあるので、後述します（P122〜）。

「③論理構造的に冗長な部分」とは、例や引用、比喩、言い換え、繰り返しなどを積極的に省いて読んでいくことです。ヒントは文法の接続詞や論理性対策のところで説明します（P110〜）。

まずは、練習してみてください。

大胆に省いて読む

聞かれたのは筆者の仮説に対する考えだから、仮説に関係のなさそうな部分は飛ばそう
フムフム

その一
設問解答に不要な部分は飛ばせ!

ラッキー!　ダーウィンの進化論は知ってるから、この辺は飛ばしてイケそう
やった!

その二
知っている内容は飛ばせ!

ん?　さっきの主張の繰り返しだな。じゃあここは飛ばそう
?

その三
冗長な部分は飛ばせ!

奥義「省き読み」の三カ条はこれだ!

スピード対策／聞く①

倍速変換ソフトを活用する

日本人はリスニングが苦手だとよく聞きます。東大英語ではリスニングはスクリプトが2回流されますから対策が手薄になっている人が比較的多く、東大生でさえもリスニングが苦手な人が多い気がします。

ただ、受験は競争ですから、周りが手を抜く可能性がある場合には、しっかりと対策を打つことで、自分が相対的に有利な状況を作りだせると考えることもできます。僕自身はかなり頑張って対策を考えました。

というか、ぶっちゃけ、リスニングはできるようになれば、とてもオイシイです。

さて、まず**お勧めなのは、単語集の音声教材を使うこと**です。

理由は簡単。リスニングと単語・熟語を覚えることができて一石二鳥だからです。

東大英語のリスニング対策という意味では、重要な単語と熟語をバランスよく覚えられ、かつ、一定の例文を覚えれば必要なものが身につくことを売りにしているDUO 3.0がお勧めの一つです。

利用している単語集のレベルに合わせて選ぶのが良いと思います。

ただし、リスニング力を鍛える上で、単語集の音声教材をそのまま使うだけでは、あまり芸がありません。当然、ライバルたちも同じことはやっているからです。

そこで、僕は**Talk MasterⅡと**

リスニング教材にはコレ

●『システム英単語　Ver.2　CD』（駿台出版）

ミニマルフレーズ・
単語・訳を収録

●『英単語ターゲット1900CD』（旺文社）

見出し語・語義・例文

●『速読英単語②上級編』（Z会出版）

本文の音読と単語を
収録

●『速読英単語①必修編　リスニングテスト（Z会出版）

全英文
160〜180語／分

●「DUO3・0　CD／復習用」（ICP）

日本語訳と本文と
単語を収録

単語集のレベルに合わせて選ぶ！

いうラジオを使っていました。コイツは、音声データを倍速変換して再生してくれるすごいヤツです。

元々は、部活で帰りが遅くなって、続けていたラジオ講座の放送時間に間に合わないので、予約録音のできるコイツを親に買ってもらったんです。まさかコイツが高3になってそれ以上に役立つとは思いもしませんでした。

また、わざわざそんなラジオを買わなくても音声教材を倍速再生できる方法があります。それが、倍速変換ソフトウェアというものです。

変換時の音質や使い勝手を考慮するとＬｉｌｉｔｈというソフトが一番です。

倍速変換ソフトウェアのメリットは大きく言うと二つあります。

一つは、本番よりも相当速いレベルで聞けるため、本番のリスニングが比較的ゆっくりに感じられるというものです。

もう一つは、学習の時間効率です。音声を倍で再生すると言うことは、2分の1の時間でリスニングの学習ができるということです。

超、便利です。

【参考　お勧めリスニングツール倍速変換ソフト】

Sound Player Lilith
(http://www.project9k.jp/)


CDや音声ファイルを可変速再生できます。

手持ちのリスニング教材や音読ファイルを2倍速まで速くすることができます。

倍速再生で聞き取れるようになれば普段の学習の効率化にもつながりますし、リスニング試験の英語が「ゆっくり」に聞こえ、落ち着いて問題を解けるようになります。

本番のリスニングがゆっくりに感じられます！

スピード対策／聞く②

同時通訳ができるまで反復する

リスニングは僕自身まだまだ成長途上ですが、東大英語のリスニング対策としては、徹底して同じスクリプトを繰り返して聞き込んでいました。

理由は読解のときと同様で、要求されているスピードを頭に慣れさせて、定着させたいと思っていたからです。

これは、野球で１４０キロの球を打てるようになるために、何度も挑戦して目を慣らすことに近いかもしれません。

そして、ただ反復して聞き込むだけではなく、**最終的に聞きながら頭の中で同時通訳ができるレベルを目指して、それこそ、何回も何回も反復**しました。

また、同時通訳は完全な日本語に直すのではなく、意味が取れれば十分です。

さらに、そのときに意識していたのは、段階的に最終ゴールに近づいていくことです。

具体的には次の5ステップでした（Ｐ92）。

大切なのは、いきなり１５０語／分のスピードで聞かないこと。ゆっくりでもわからないものを速いスピードで聞いても意味がありません。理想としては、内容が70％程度わかるスピードから始めるとよいでしょう。

聞けるようになれば、そこからスピードを上げて１５０語／分を上回るまで続けましょう。

段階的にゴールに向かえ

読解だけじゃダメ。他も大事！

Step 1	Step 2	Step 3	Step 4	Step 5
文章を見て		文章を見ないで		
とにかく再生位置を確認しながら	単語の意味を確認しながら	単語のスペルを確認しながら	単語の意味を確認しながら	語順通りに文全体の意味を
目で追う		聞く		訳していく

「70%程度」というのも理由があります。

100%わかるものは練習になりませんし、50%しかわからないものは、わからない部分を予想する練習ができません。そういった面を総合すると、およそ70%というのが一番です。頑張って150語／分を超えるようになりましょう。

今の日本の学習環境は「やったことを増やしていく」傾向が強いと思っています。**大切なのは「できることを増やしていく」**ことだと僕は思います。

今回の5段階反復法も、できることを増やしていくことに意味があります。できるようになることの副次効果は大きく、ある種の達成感が芽生え、どんどん対象のことが好きになっていきます。

誰でもできるものは楽しく感じられますよね。

量をこなせば……

問題数をたくさんやっても

できるようになっていなければ
意味がありません。

「やったこと」よりも「できること」を増やそう！

スピード対策／聞く③
カタカナ英語で8割ＯＫ！

「舌を噛んで発音するｔｈの発音」や「似ている母音の発音」は難しいですよね。「正確な発音がリスニングには一番」と言う人がいますが、現実的には難し過ぎて簡単にできるものではありません。

いろいろと書籍を読んだり、ネットで調べたり、話を聞いたりしたところ、日本人にとってリスニングが難しい原因は、次の二つが大きい壁であることがわかりました。

①英語と日本語の周波数帯は違う

②外国人は発音記号のように発音しない

「①英語と日本語の周波数は違う」は有名な話なので、ご存知の方もいると思います。

英語は子音中心の言語であり、一方で日本語は母音中心の言語です。子音は周波数が比較的高いため、英語で使われる周波数帯は日本語よりも相対的に高く、日本人は一部の子音を聞くのが困難になるのだそうです。

また、**英語の周波数帯がクラシック音楽と同じであることを利用した教材の「マジックリスニング」**は、外資系企業でも利用されているようです。

【参考　リスニングお勧めツール】

Magic Listening
（http://alice-group.com/）


日本語は母音が主体であるため、500Hz～1000Hzが中心です。一方、英語などは子音が主体であり、2000Hz以上の周波数も多く使用しています。

英語が日本人に聞き取りづらいのは、その周波数の違いにも原因があるのです。

「マジックリスニング」を使って子音もよく聞き取れるようになりましょう。値段も高く、WEBサイトも独特の雰囲気ですが、その効果にはなかなかのものがあります。

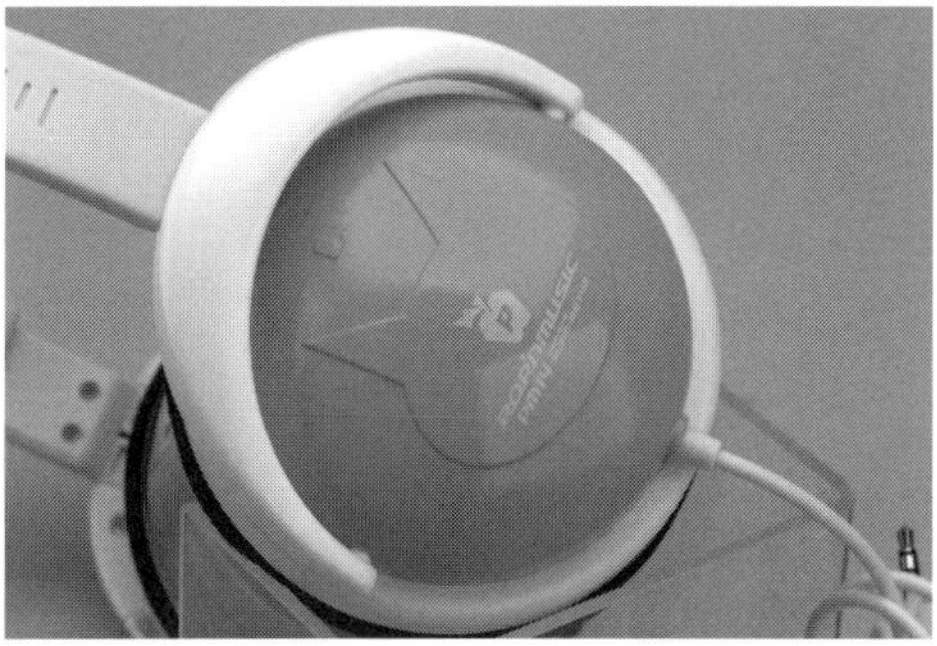

外資系企業でも利用されている！

「②外国人は発音記号のように発音しない」は、僕にとって大きな壁でした。

理由は、ネイティブの発音では、音が結合したり、消失したりする割合が高く、単語ごとの発音記号に基づいて発音してもダメだからでした。文章レベルのリスニングの練習をする際には、発音記号は逆に混乱を招きます。

そこで、試行錯誤した結果、**「発音記号を忘れて聞こえた音をそのまま捉えること」が大事**だということがわかりました。

具体的には「チェケラウ」だったら、check it outというように、音声とスペルをセットで覚えることにしました。大切なのは音をそのまま捉えることです。

また、先ほどカタカナで書きましたが、実は僕は頑としてアンチ「英語のカタカナ表記」なんです。でも、考えてみれば、発音記号もカタカナも記号ですし、発音記号がわからないようでは使っても意味がないことに気付きました。

あくまでもカタカナ表記は「大体そう聞こえる」の目安です。要は、カタカナ表記を見て頭の中で正しい発音が流れればOKということです。

正確ではなくとも、**「実際の発音に近い発音ができること」はリスニングに大きな効果がある**ことは多くの人が提唱しています。頑張ってみてください！

音をそのまま捉える

[参考　カタカナ英語のお勧め本]

●『魔法の発音　カタカナ英語』
池谷　裕二　著　(講談社)

●『カタカナ英語でリスニング』
笹本　真美　著　(双葉社)

カタカナ英語ってこんなにスゴイ！

スピード対策／書く①
減点法対策にはチェックリスト

東大英語の英作文の採点基準は減点法です。これは、東大英語に限らず、どの受験問題でも同じです。『ドラゴン桜』でも強調していたくらいですから、知っている人は多いでしょう。

減点法の場合、どんなに名文を書いても加点してもらえません。**確実に設問の要求に従いつつ、いかにミスを防ぐかが大切**です。

しかし、ミスを防ぐのは口で言うほど簡単ではないですから、工夫が必要です。

僕の減点法対策は、**ミスを頻度別に分析してチェックリストを作った**ことです。

これは、とある製造業の品質管理の仕組みと似ています。そのことは何かの本に書いてあったんですが、世界的に優れた品質を誇る日本の製造業では、しっかりとした製品の品質管理を行う際に統計的にデータを分析したり、品質を維持するためのチェックリストを整備して厳格な品質テストを行ったりしているのだそうです。

安定的に得点しようとすると、しっかりとしたチェックリストの存在は心強いです。実際にチェックリスト導入前の答案を遡って見てみると、同じ間違いを結構していることがわかりました。

さて、せっかくなので具体的なチェックリストを紹介したいと思います。

安定的に得点するには

チェックリストあり

品質管理はまかせてよ！
チェックリストのおかげで前と同じミスがだいぶ減ったぞ！
よしっ

チェックリストなし

また同じミスかよ!!

チェックリストで確実にミスを減らそう！

東大英語に限定して言うと、ここ最近は和文英訳が出題されておらず、自由度の高い課題英作文がほとんどです。

ですから、指定された表現を表す単語や熟語が一つも思い浮かばないという状況はよっぽど厳しい条件ではない限り少ないと思います。

だから、「単語・熟語を知らない」という間違いはほとんどありません。

それよりも、**東大の英作文では、与えられたテーマに対して、いかに一定語数以上の英文を自由に書ききるかが大切**です。

また、チェックリストはチェックした際にミスを発見しやすい実用的なものが良いので、**チェックリストでは簡単にチェックできるものを優先**しています。

ちなみに、僕がバイトしている志塾では、英作文の添削の際に東大生とネイティブのWチェックをかけています。

といっても、ネイティブや東大生の添削者はあまり身近にはいないですよね。

ネット上の英作文添削サービスもあるので、困っている人や、より正確に細かく見てもらいたいと思っている人は、左ページにあるサービスを活用してみてください。

英作文のチェックリストの例

分類	チェック内容
抜け	ピリオドなどの文末の記号が抜けていないか?
	第三人称単数現在形の"s"が抜けていないか?
ミス	スペルは合っているか?
	自分の知らない（自信のない）表現を使っていないか?
	前置詞は正しいか?
	時制は正しいか?
条件適合	語数は条件に合っているか?（指定がある場合のみ）
	問題に合った答えを書いているか?
意味	指示語を使っている場合、指示語の内容を明確にしているか?
	接続詞で文全体の流れを整えているか?
	仮定法を使うべきところで使っているか?
最終確認	盛り込むべき要素がすべて入っているか?
	全ての言葉を訳しきっているか? [和文英訳のみ]

易 ↕ 難

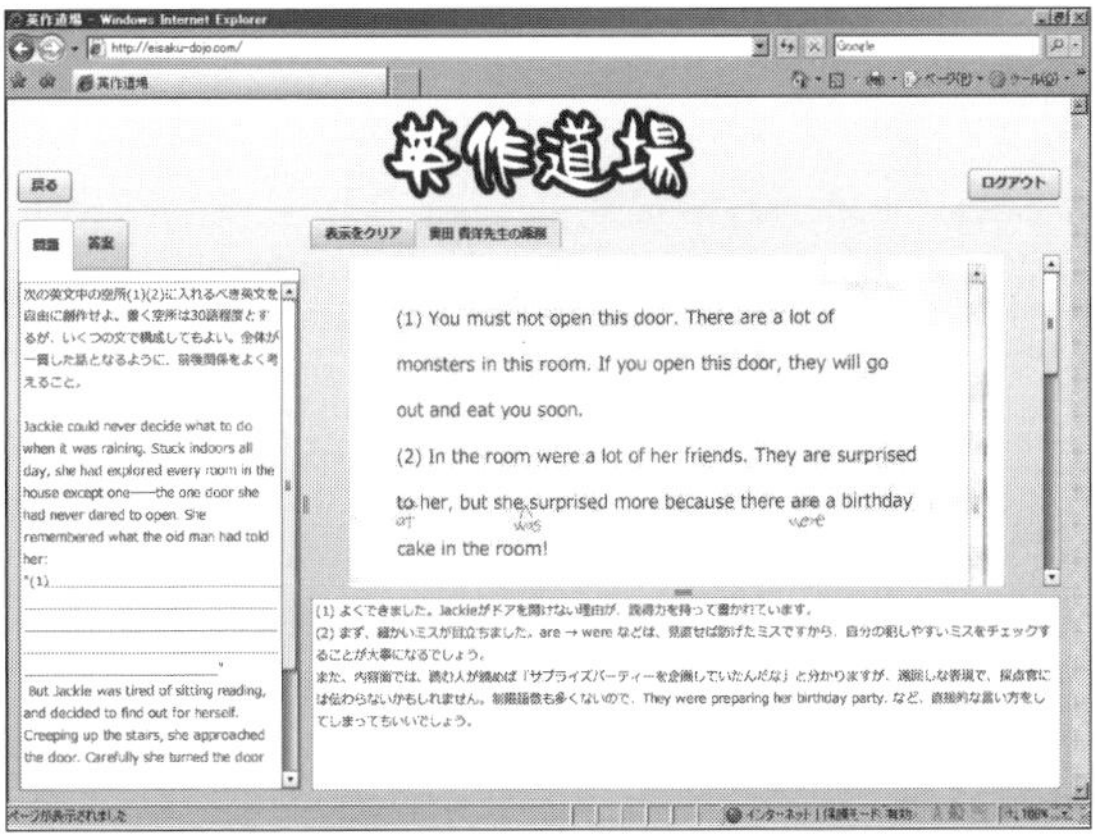

【参考】
東大生・ネイティブWチェックのインターネット英作文サービス
(http://eisaku-dojo.com/)

簡単にチェックできるものを優先！

スピード対策／書く②

文字数・語数に強くなる

東大英語では、解答時に英語でも日本語でも文字数の指定が多いです。これは普段、何となく対応してしまいがちですが、安定性をもって速く処理しようと思うと、「何となく」は危険です。

試行錯誤した結果、思いついた解決策は、**特定の語数や文字数に対応する文の数を判断できるようにすること**でした。

まず、日本語の場合で言うと、主語・述語が1組しかない「簡潔な文」だと長さは30字以内のことがほとんどです。

また一方で、主語・述語が2組以上あり文内に接続詞に相当する接続助詞があって論理関係がある「しっかりした文」でも60字以内であることが多いです。

大体のイメージを意識できているのといないのとでは、テスト問題への取り組み方が異

日本語の指定字数	文の数	オススメ
20〜40字以内の場合	1〜2文	1文でまとめる
40〜80字以内の場合	2〜3文	2文でまとめる
80〜100字以内の場合	3〜4文	3文でまとめる

「何となく」は危険……

何とかなるだろ派

60字で要約せよ、か。ま、適当にまとまるだろ
・60字で要約せよ
必要な要素ってこれかな？
どーん
・60字で要約せよ
うーん、四つもあるから、全部入れちゃえ！
字数オーバー
……

文の数がわかる派

うーん…
60字で要約せよ、か。じゃあ大体二文か三文でまとめるか
・60字で要約せよ
こことここが必要で…
スッキリ
・60字で要約せよ
まとめると…
ラララ
よし、58字だぴったり!!

文の数の予想は大切！

なってきます。

次に英作等の英語で答える場合ですが、まずは**英語の場合も同様に1文当たりの標準的な語数を知ることが大切**です。

英語の場合は、主語・述語が1組しかない「簡潔な文」だと長さは10語以内のことが多いです。また一方で、主語・述語が2組以上あり、文章内に接続詞などによる論理関係がある「しっかりとした文」でも20語以内であることがほとんどです。

受験の解答というのは、「採点者とのコミュニケーション」なので、自分の解答内容をしっかりと採点者に伝えなくてはいけません。

だから、自分で英文を記述する際の文の長さは、多くても主語と述語が2組までの「標準的な文章」と主語と述語が1組の「簡潔な文章」に限定して、理解しやすいものにしたほうが良いです。

なお、文字数に関するテクニックを次ページにまとめましたので見てください。

日本語の指定字数	文の数	おススメ
20〜30字以内の場合	1〜3文	2文でまとめる
30〜40字以内の場合	2〜4文	3文でまとめる
40〜50字以内の場合	2〜5文	4文でまとめる
50〜60字以内の場合	3〜6文	5文でまとめる
60〜70字以内の場合	3〜7文	6文でまとめる
70〜80字以内の場合	4〜8文	7文でまとめる

文字数に関するテクニック

日本語を短くするテクニック

内容	例
カタカナ語→漢語	テクニック→技術
和文→漢語	考える→思考
略語や略称	パーソナル・コンピューター →パソコン
である調→だ調	大切である→大切だ
不必要な接続詞・副詞・形容詞の省略	だから→×

英語を短くするテクニック

内容	例
イディオム→単語	make up for→compensate
具体的な内容→代名詞	何を指すか明確な程度に
不必要な接続詞・副詞・形容詞の省略	and→×

略語や言い換え、記号化など！

スピード対策／書く③
基本構文の組み合わせで十分

英作文は減点法ですから、文章を一から自分で作文するのはリスクが高いです。

僕も、最初は一から作文していましたが、演習を積み重ねていくうちに、それでは、時間もかかる上にイージーミスも多く出てきてしまうことに気付きました。

そして、英作文はただでさえ、単語、熟語、文法、日本語での意見構築力などが総合的に求められるミスの発生しやすい問題形式ですから、工夫が必要です。

英作文専用の参考書も多いですし、多くの人がいろいろな方法を提唱していますが、基本方針は「基本構文パターンを覚えて、その中の単語を入れ替えて対応する」というものです。

ただ、これ自体は誰もが言っていることですし、特に目新しさを感じる人は少ないでしょう。だから、**大切なことは具体的にどの文をいくつを覚えるのが良いのか**だと思います。

また、方針作成上、東大専願か他大学併願かは大きく影響してきます。

というのは、東大の課題英作は「課題が指定されるけど内容自体は自由に決められる」からで、他大学の問題は指定された日本語を訳すことが多く、知らない単語を回避する逃げ場がないからです。

自由英作でなく、和文英訳の場合は、問わ

基本構文を覚える

一から頑張る派

基本構文を知っている派

基本構文は大切な要素!

れる可能性のあるすべての表現をカバーできる引き出しを自分自身が持つ必要があります。これは、整理するとかなり減らせますが、それでも結構な量になります。

一方で**自由英作文の場合は、苦手な表現がある場合でも避けることが可能**です。

「東大を受けるのに苦手なものを残していて良いのか」という人がいると思いますが、範囲が膨大ですので、あらゆる単語・熟語・文法を英作文で自在に扱えるというのは目標としては非現実的です。

では、具体的に東大対策の場合、どのような例文を基本パターンとすべきかですが、これについてはまず最初に、**「意味を表現する上で避けられない文法事項」を押さえることが大切**です。

「避けられない文法事項」を理解するためには、「避けられる文法事項」をつかむのが一番です。具体的には、**関係代名詞、分詞構文、倒置・挿入・省略・二重否定・話法などは回避可能**です。つまり、「避けられない文法事項」とは、これ以外になります。

範囲を絞れれば、かなり有利ですから、自由英作対策としては、まず、「意味を表現する上で避けられない文法事項」を完璧にすることです。

その上で、**自分のレベルにあった基本構文候補の参考書から対象の文章をピックアップするのが良い**と思います。

文法事項と基本構文

意味を表現する上で避けることができない文法事項
肯定・否定・疑問・命令
時制・完了形・進行形・受動態
仮定法
助動詞
比較
接続詞
文型（第 1 文型〜第 5 文型）

文法項目の名前がわからない方は『くもんの中学英文法』（くもん出版）がお勧めです

基本構文を覚える際に使える参考書

レベル	参考書名	出版社	講文数
100 文レベル	ドラゴン・イングリッシュ	講談社	100 文
	セレクト 70　英文構文	文英堂	148 文
300 文レベル	キクブン 270	アルク	270 文
	解体英語構文	Z 会	285 文
	CD 付英語構文必修 101	Z 会	101項目 2〜5文／項目
1000 文レベル	総合英語 Forest	桐原書店	457項目 1〜3文／項目

自分に合った参考書からピックアップする！

論理性対策／論理①

考えるのではなく、情報を探す

東大英語の読解問題は、自分で考えたら負けです。

いきなり何を言っているのか、わけがわからないかもしれませんが、**「読解問題は考えたら負け」**なんです。

そもそも、小論文などの自分の意見を求められるような問題ではない限り、求められるのは客観的な読解です。

つまり、**「100人いたら、100人がそう思うのが普通」という理解の仕方を模索する作業**になります。

客観的な読解をする上で大切なことは、誰もが認識できる「書いてあることだけ」に基づいて解答することであり、自分の主観的な意見を一部分たりとも入れてはいけない、すなわち、考えてはいけないということになるのです。

ですから、「ありのままを受け入れなければならない」という意味で、**「考えるのではなく情報を探す」と捉えていたほうが正しい**と思います。

これは意識付けができて慣れてしまえば良いのですが、それまでは結構難しいことです。

考えないで情報を探しながら読むためには、徹底的に本文中から設問を解くための根拠を特定する必要があります。

これらは、英語や現代文の参考書でもかな

「情報を探す」のが正しい

勝手に解釈

書いてあることに基づいて解釈

書いてあることだけに基づいて解答!

り強調されていることですので、特に目新しさはないと思います。

　僕自身、**大切だと思うのはあくまでも客観的に取り組む実行力**です。

　どこまで**とことんこだわって「本文中から根拠を探せるか」の勝負**です。

　そして、その後に、選択肢問題の場合であれば、**「探した根拠だけに基づいて選択肢を吟味する」こと**です。

　そう考えると、僕はむしろ、選択肢問題のあいまいな選択肢に悩まされなくて済むぶん、記述問題のほうが簡単だと思うことがあります。

　そして、選択肢問題の場合に「探した根拠だけに基づいて選択肢を吟味する」際には、選択肢の種類は基本的に四つに分類できると思っています。（詳細は次ページ）

　これらの分類に従って選択肢を徹底的に評価し、その上で、正解の選択肢を絞り込めない場合は、もう一度、設問に立ち戻り、**「設問で問われている一番大切な部分に適切に答えているか」という視点でもう一度、選択肢を評価してみると、悪問でない限り、正解できる**と思います。

探した根拠だけに基づいて……

Step1 本文中からの根拠の特定

根拠の要約

かつて私が大きな犬に襲われたときに、馬が助けてくれた。
猫が他の犬に襲われていると、うちの犬は吠えて追い払った。

共通点

襲われたときに、動物が助けてくれた。

Step2 選択肢を根拠により徹底的に吟味

① acting bravely（△） to protect one's own honor（×）

② being true to oneself as well as to others（?）

③ doing something for the sake of others（○）

④ using your brain to understand a situation（?）

判定基準

○ 100%正しい
× 100%正しくない
△ どちらとも言えない
? 根拠なし

○と△のみの選択肢が複数残った場合
[消去法の限界への対応]

Step3 設問に対して最もふさわしい選択肢を選択

設問で問われている核心部分が○のものを選びます。
また、設問が記述だった場合にどう答えるべきかに最も近いものを選びます。
※今回の例ではStep3は必要ありません。

Are acts of altruism unique to human beings?
From my experiencel I must say that also present in the animal world. I was raised on a farm and was brought up surrounded by animals.Once I was being attacked by a large dog and began yelling for help. A horse came running up from a distant field and chaced away the dog. We also had a dog that protected our cat. When the cat was being attacked by other dogs,our dog drove them away by barking — Step1

Here,altruism means(　　). — Step3

①acting bravely to protect one's own honor
②being true to oneself as well as to others
③doing something for the sake of others
④using your brain to understand a situation — Step2

徹底的に客観的読解するための3ステップ！

論理性対策／論理②

文章読解も算数と同じ

まず、練習問題です。

これは僕がバイトしている志塾の講師採用面接で出されたことのある問題です。

ちなみに、東大生の正解率は数百人を対象として5％以下という難問です。

さて、今回の問題ですが、**大切なことは、文章間の論理構造だけに基づいて正解を導き出していること**です。

講師採用担当者の話では、不正解者の多くが、文章単体を見て理由付けをしているらしいのです。

例えば、1番目の文章であれば、「最たると書いてある」とか、2番目の文章は、「言い切っている」とか、3番目の文章は「仮定と結論になっている」などです。

ただ、どんなにその**文章単体の内容を根拠にしても、文章全体の論理構造を抜きにしては客観性は生まれません**。

戦わずして、「俺のが大きいから強い」、「俺のが速いから強い」などと言い合っている戦士たちのような状態です。

今回の解説は本文の論理構造だけに基づいて答えているので、なかなか反論しにくいのではないでしょうか？

大切なのは100人いたら100人そう思う根拠を元に読解することです。

論理構造はそういう根拠になるんです。

さっきの解説で気付いたかもしれません

東大生の正解率が5%以下の問題に挑戦！

問題 **下記の一連の三つの文章の中で最も大切な文章を選び、その理由を答えてください。**

「あいまいだからよい」という最たるものは、他ならぬ言語である。言語は人間にとって、もっとも普遍的な契機*であって、言語の使用は生きた人間の日々の証である。言語が「あいまいだからよい」のであれば、人間の日常性はあいまいさによって支えられているわけである。

*契機……そのものの成立のために欠くことのできない本質的要因

93年のセンター試験の問題の第一段落の引用
（菅野道夫氏『ファジー理論のめざすもの』

解説

まず、主語+述語くらいのレベルで要約します。
[1番目の文章]言語は、あいまいだ。
[2番目の文章]言語は、人間の日々の証だ。
[3番目の文章]人間の日常性は、あいまいさで支えられている。

ポイントは「人間の日々の証=人間の日常性」に気付くこと

言語=あいまい……①
言語=人間の日々の証……②
↓
言語=あいまい=人間の日常性……③
（①+②）→③

解答

大切な文章は三番目。
理由は、一番目、二番目の内容を踏まえて、③が導き出されているから。
具体的な導き出され方は「解説」を参照。

文章単体を根拠にしない！

が、論理構造を把握していく上で、**文章間の論理構造というのは、算数のように簡単な記号で表現できる**んです。

僕が講師のバイトをしている志塾ではこれらを整理しきって活用され、効果が発揮されています。

整理すると、文章間の関係は、まずは同じかどうかで分けるのが単純です。

ですから、内容が等しい場合、＝（イコール）の記号を使うようにします。

ここで注意すべきなのは、あくまでも成り立つのは文章中だけということです。

例えば、先ほどの文で、「言語＝あいまい」になりましたが、それは、あくまで作者がそう言ったからなんです。

次に見分けやすいのは対比や並列の場合で、⇔の記号を使って表します。

また、理由と結論のような関係で、文章間をつなぐとき、⇒の記号を使います。

簡単な例では、「AだからB」はA⇒Bと表します。また、「AしかしB」のような場合でも、Aを否定しつつもBと因果関係があると考えて、A⇒Bと表します。

他、話題の転換の接続詞がある場合は、―の記号を使い、その他は、単純につなぐということで、＋の記号を使います。

なんと、**＝・⇒・⇔・＋・－だけで、すべての論理関係を表せる**んですよ！

5つの接続関係を極めて論理に強くなろう！

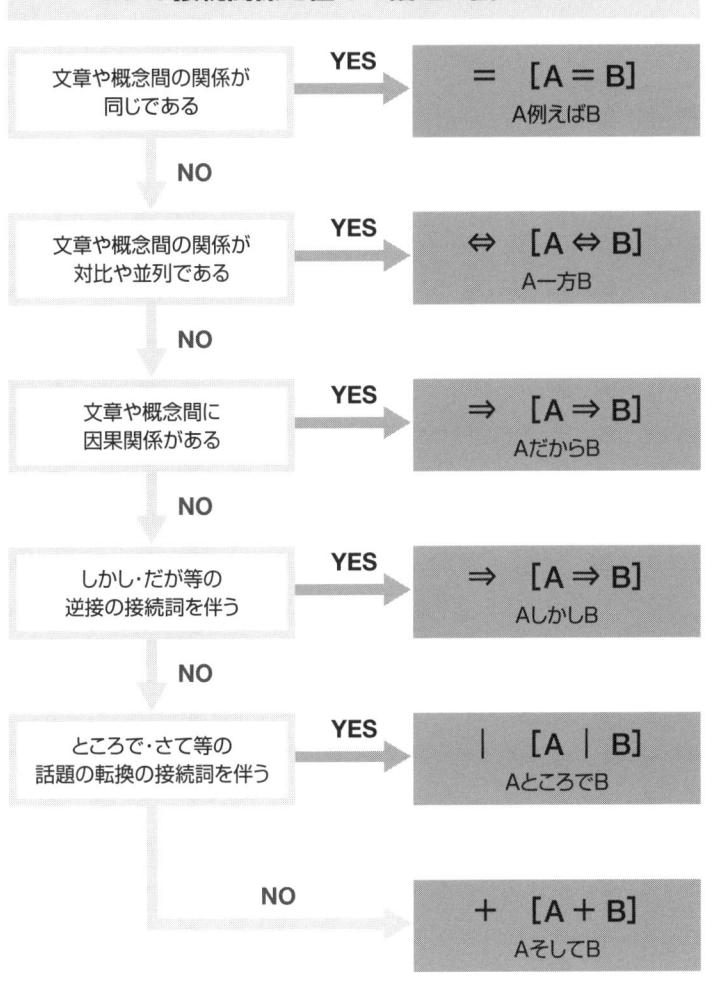

文章や概念間の関係が同じである
→ YES → ＝ ［A＝B］ A例えばB

NO ↓

文章や概念間の関係が対比や並列である
→ YES → ⇔ ［A⇔B］ A一方B

NO ↓

文章や概念間に因果関係がある
→ YES → ⇒ ［A⇒B］ AだからB

NO ↓

しかし・だが等の逆接の接続詞を伴う
→ YES → ⇒ ［A⇒B］ AしかしB

NO ↓

ところで・さて等の話題の転換の接続詞を伴う
→ YES → ｜ ［A｜B］ AところでB

NO → ＋ ［A＋B］ AそしてB

後述の【接続詞】のP.147にさらに詳しい一覧表が掲載されています。

これですべての論理関係を表せる！

論理性対策／論理③

要約、要約、さらに要約

前述したように文章の論理構造を算数のように5つの記号で明らかにすれば論理性の把握という上では完璧です。

ただ、この方法は対象を絞りながら取り組まないと、すべての論理構造を明らかにすることになるので、慣れるまでは、かなり時間がかかります。

とても役に立つし、論理の基礎を身に付けるためには必須なのですが、具体的な取り組み方は工夫しなければなりません。

そこで、僕は、要約をオススメします。

要約の練習は、英語だけでなく日本語にも効果を発揮します。

そもそも、要約とは「要点を押さえてまとめること」ですが、具体的には、**要約は論理構造の把握により文章の大切な箇所を押さえて、「冗長なものを削ぎ落としながら、残ったものをつなげて短くしていく作業**になります。

要約の場合は、字数や時間制限を設定しやすいので、限られた時間の中でいかに論理構造をつかむかの良い訓練になります。また、結果としていたずらに時間をかけ過ぎることを防ぐことができます。

そして、短くする際は字数制限に応じてどうまとめていくかが決まってきます。

字数と文の数の関係は前述しましたので、復習してくださいね。

要約をすると……

こんな脳内が……

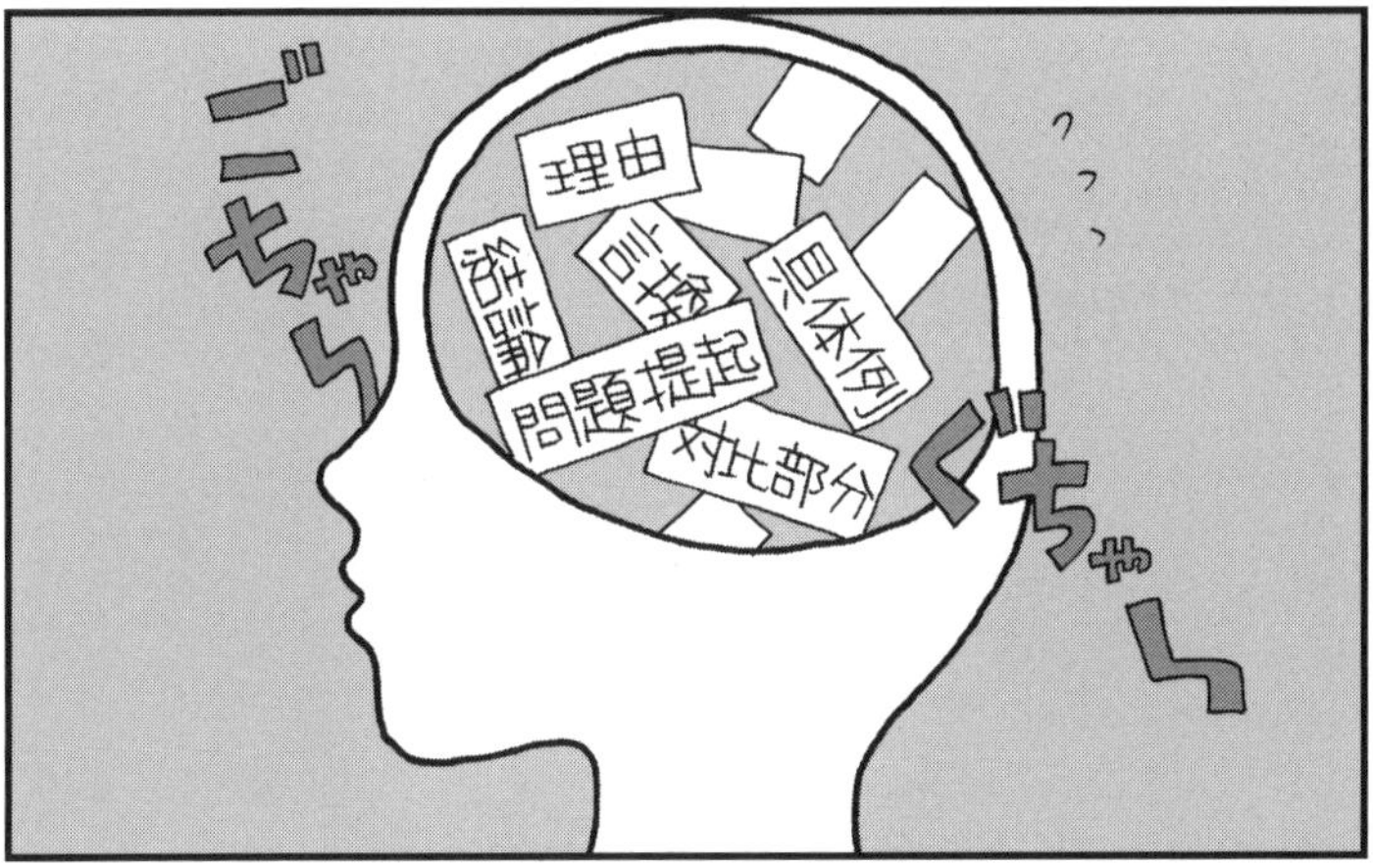
ごちゃ〜
理由
結論
言換
具体例
問題提起
対比部分
ぐちゃ〜

こうなる!

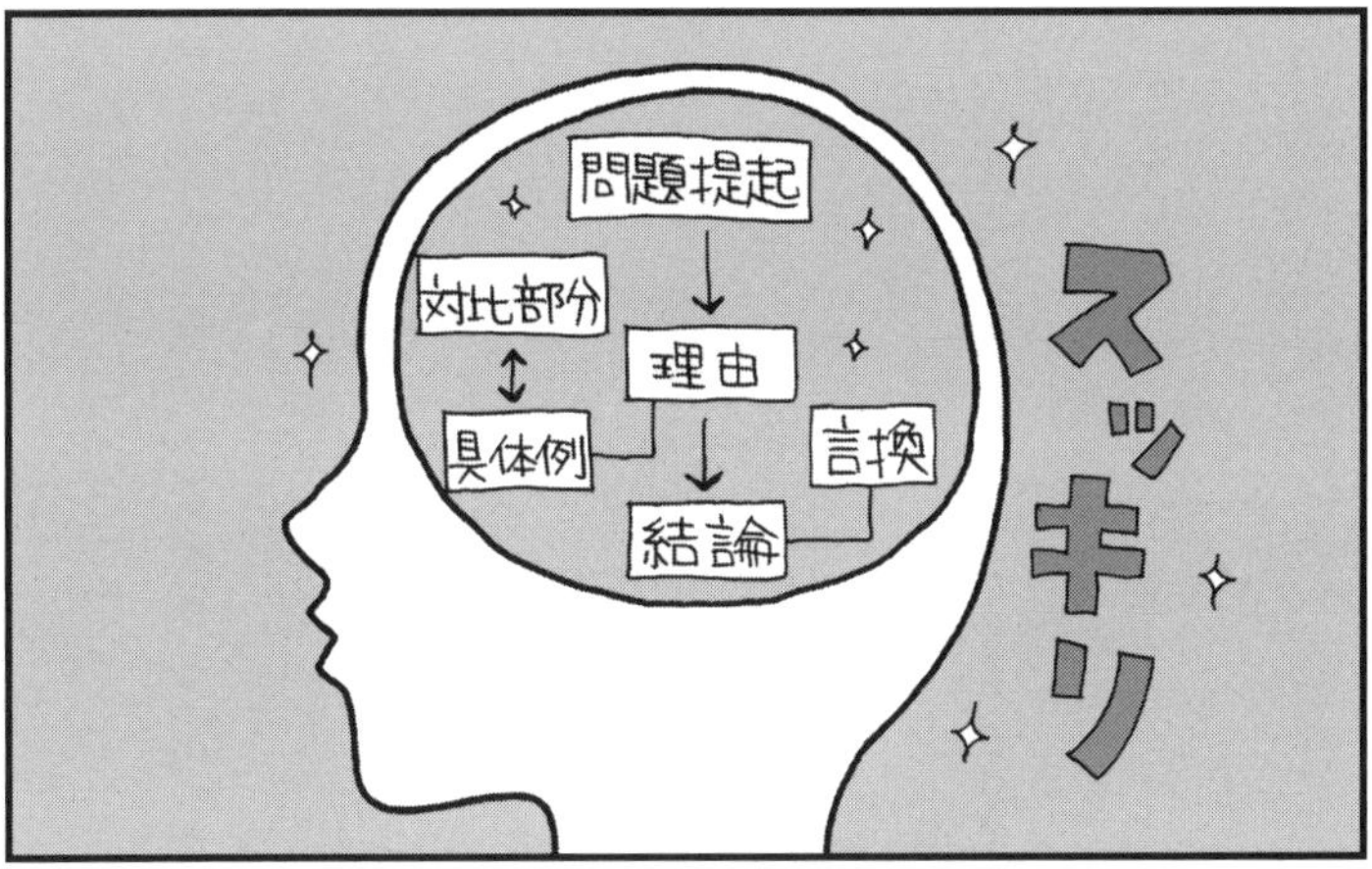
問題提起
対比部分
理由
具体例
言換
結論
スッキリ

文章の内容がキレイに整理、理解できる!

最終的には過去問の字数に合わせて取り組むべきですが、最初は、左のような3段階で要約するのが良いと思います。

①主題をつかむ練習
日本語10字／英語12語
②最も言いたいことをつかむ練習
日本語25字／英語30語
③概要をつかむ練習
日本語１００字／英語１２０語

また、具体的に要約を進めていく際には、正しい手順を踏むことが大切です。

字数に合わせて取り組み方は違いますが、僕は、練習の際には、次の手順で要約していくことが大切だと思っています。

概要は次ページを見てください。


大切なのは、先ほど説明した文章間の論理構造をつかみながら進めることです。**特に＝に気付くことは、どんどん対象範囲が限定されるので非常に大切**です。

また本手順では、段落内の要約から始めていますが、これには全体の文脈を意識しないとダメだという反論があります。

しかし、今までの演習の経験上、世界チャンピオンが（全体の文脈で大切な部分）地区予選で負ける（段落の要約で省かれる）ことはまずありませんので、**まずは段落内でしっかりと要約することをオススメ**します。

まとめる際は、要約の採点基準が重要なキーワードの網羅率と考えられますので、網羅性に気をつけてください。

要約の手順を身に付けよう!

1 段落に分けよう!

1 は文です。団子ではありません

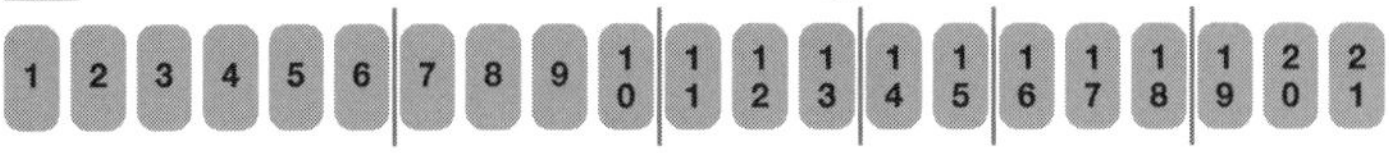
1 2 3 4 5 6 7 8 9 10 11 12 13 14 15 16 17 18 19 20 21

2 =のものを省こう!(段落内)

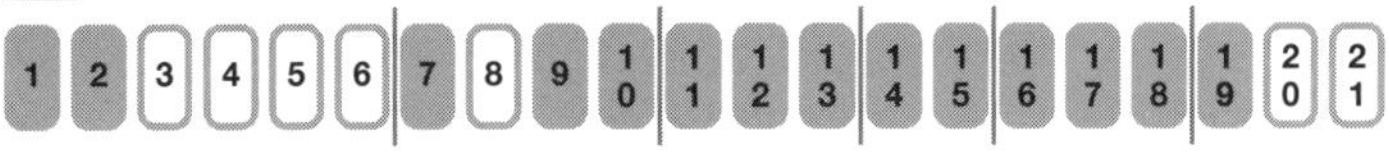
1 2 3 4 5 6 7 8 9 10 11 12 13 14 15 16 17 18 19 20 21

3 論理構造をつかもう!(段落内)

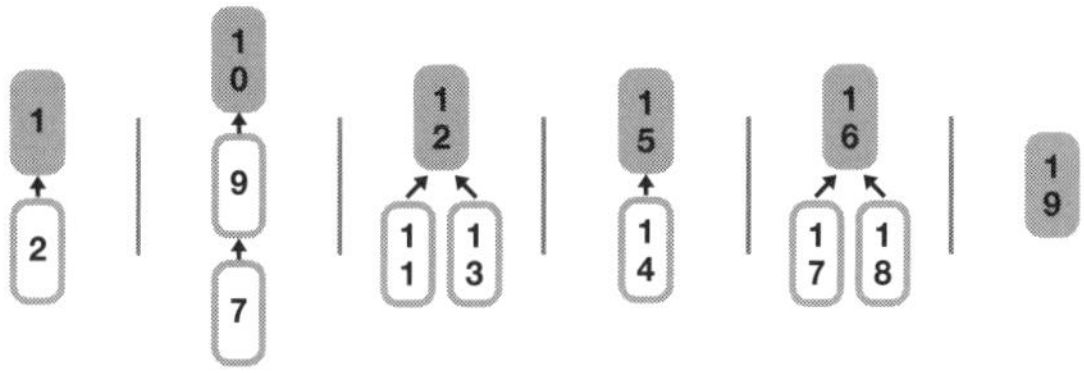
1 2
10 9 7
12 11 13
15 14
16 17 18
19

4 =のものを省こう!(全体)

1 10 12 15 16 19

5 論理構造をつかもう!(全体)

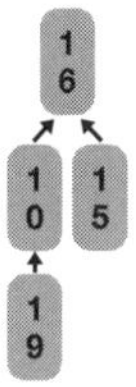
16
10 15
19

6 字数調整して文にしよう

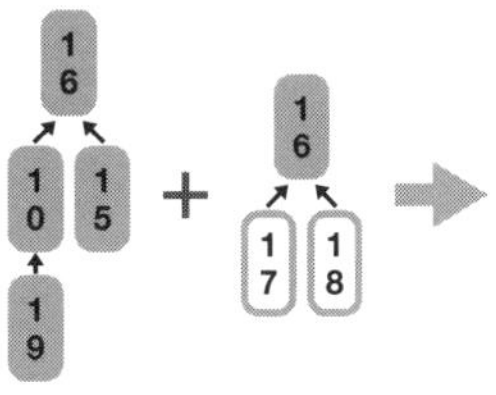
16
10 15
19
16
17 18

団子はあんこが美味しいので、みんなもっと食べるべきだ

段落内でしっかり要約!

論理性対策／知識①

背景知識は学術分野を参考に

論理性が大切なことを強調してきましたが、論理はあくまでも「言葉のつながりや流れ」に過ぎませんから、**つなげる前の言葉や書かれている内容の背景知識がないと、どんなに論理性の訓練をしても不発になることが多い**です。

ですから、論理性を鍛えるためには、同時に自分の知識を強化することが大切だと思います。

ただ、知識を増やすとなると、一朝一夕にはいきません。一般的にはよく本を読めと言われますが、現実問題として受験に十分耐えうる知識を身に付けるために必要な読書量となるとハンパないでしょう。

少なくとも僕は勉強系の読書はしたくないです。まあ、どのみち大部分の人は時間が満足にとれずに、実質的な知識対策はできてないのではないでしょうか。

ただ、東大の場合は理系でも文系でも英語と国語は両方ありますし、後期試験でも論文がありますので、ある程度の時間はかけるべきです。

ですから、僕は、**文章中で出てくる評論用語でわからないものをつぶし、後はよく出てくるものの背景知識を押さえることを重視し**ました。

背景知識のレベルを高めていくためには、大学学術分野ごとの戦略を立てるのが一番良

知識の強化が大切

例えば、もし知識がなくてこの文章を読むと……

Finance Minister Shoichi Nakagawa abruptly resigned Feb, 17amid rapidly growing calls to quit his allegedly drunken appearance at a Group of Seven (G-7) news briefing in Rome on Feb, 14. Prime Minister Taro Aso accepted Nakagawa's resignation letter immediately and said he would appoint economic and fiscal policy minister Kaoru Yosano, 70, to succeed Nakagawa.

At the Rome G-7 news conference, Nakagawa slurred his speech, at times appeared half asleep and had trouble answering question from reporters. His behavior sparked speculation that he may have been drunk, as it has lng been rumored he is a heavy drinker. Nakagawa, however, denied this and claimed he had taken too much cold medicine. (The Japan Times)

語彙が少ないと、こんな文章を読むのと同じだ

この文章を読んでるのと同じ!

○○○　○○○ Minister Shoichi Nakagawa abruptly ○○○ Feb, 17amid rapidly growing calls to quit his ○○○○ drunken appearance at a Group of Seven (G-7) news ○○○ in Rome on Feb, 14. Prime Minister Taro Aso accepted Nakagawa's ○○○ letter immediately and said he would appoint economic and ○○ policy minister Kaoru Yosano, 70, to succeed Nakagawa.

At the Rome G-7 news ○○○○○, Nakagawa slurred his speech, at times appeared half asleep and had trouble answering question from reporters. His behavior ○○ speculation that he may have been drunk, as it has lng been rumored he is a heavy drinker. Nakagawa, however, denied this and claimed he had taken too much cold medicine. (The Japan Times)

全然意味わかんないや……
ガーン

http://www.japantimes.co.jp/shukan-st/english news/news/current/nm20090227/nm20090227main.htm?print=noframeより

論理は知識があって初めて見えてくる！

いと思っています。

なぜかというと、結局、受験で出てくる文章は、小説を除けば、何かの学問に付随して出てくるからです。

知識を主に、「社会科学」と、「自然科学」と「人文科学」の三つに分けて戦略を立てることができます。

「社会科学」は、実社会を対象にした学問で主に経済・法律などが含まれます。また「自然科学」は、自然を対象とする学問で理科・数学などが含まれます。次に「人文科学」は、人を対象とした学問で歴史・哲学・文学などが含まれます。

まず「社会科学」は主に現代が対象ですから、日々内容が進化しますので、僕は**「日本の論点」がお勧め**です。年刊で、しかも、網羅的に対象を扱っているので、非常に有用です。

次に、「自然科学」は技術革新により進歩しますから、雑誌の「Newton」や「Nature」などを見る程度が現実的だと思います。あとは、理科・数学の基礎を押さえておけば良いでしょう。

最後の、「人文科学」は歴史・哲学・言語学などの分野はあまり進歩しませんから、**参考書の哲学・言語学などの頻出分野を押さえておけば良い**と思います。

「社会科学」と「自然科学」の強化

[参考　社会科学のお勧め本]
文藝春秋の『日本の論点』。
社会科学関連のさまざまなテーマに対して両論対比で多面的な意見がまとめられています。自分の意見を持つことにもつながりますので、ぜひ！

[参考　自然科学のお勧め雑誌]
ニュートンプレスの「Newton」。
自然科学関連のさまざまなテーマをビジュアルでわかりすくまとめています。最新のテクノロジーが取り上げられることも多いですので、ぜひ！

網羅的、基礎的、を押さえておこう！

基礎対策／単語①
1秒間単語力チェック

ここからは、基礎をいかに確立していくかをまとめていきます。

まず、**読んだり書いたりするスピードは、単語や熟語や文法を認識するスピードの積み重ね**になっています。ですから、単語を知っていることはスピードが要求される東大英語では強みとなります。

僕が考える単語力のレベルは、読む・書く・聞く・話すに対応させて言うと、次ページのようなイメージになります。

ただ、極端にスピードが重視される東大対策の場合は、読解においてもリスニング並みのスピードでの反応速度が求められるので、読解のレベルを一つ上げて考える必要があります。

東大対策の英語においてまず必要なことは、**単語のスペルを見たら1秒以内に意味を言えることを目指して、対応可能な単語を地道に増やす**ことです。

特に、他の受験生が対応できるものに自分が対応できないことは致命的です。中学程度の単語にも漏れがないことを確認しながら、基礎から積み上げていくことが大切です。

ちなみに、**東大合格者層の読解で使えるレベルの「平均語彙数は６５００語程度」**で、**「英語得意層は８０００語程度」**、**「理Ⅲ合格者は１００００語程度」**になるそうです。

そして、英作文で使えるレベルでは、平均

単語力のレベルと状態

英語から日本語に直す

レベル	状態
話すときに使えるレベル	遅延なく瞬間で理解可能
リスニングで使えるレベル ≒東大で求められる読解のレベル	1秒程度で意味は言える
一般的な読解で使えるレベル	多少時間がかかる

日本語から英語に直す

レベル	状態
話すときに使えるレベル	すぐ口から出てくる
英作文で使えるレベル	多少時間がかかる

東大英語の読解で必要な単語力は1秒勝負！

して読解で使えるレベルの半分以下に落ちるということでした。

さらなる調査によると、速読英単語、ターゲットシリーズ、システム英単語、DUOなどの**「有名単語集に載っている単語は、重複を排除して全部足すとちょうど8000語程度」**だそうです。

東大合格者の英語得意者層の語彙数と、有名単語集の合計単語数は8000語とほぼ一致するそうなのですが、これは偶然とはいえ、頷ける結果ですね。英語得意者層恐るべしです。漏れがないということはすごい結果だと思います。

【参考　単語集の選び方】

①志望校の過去問を1年分解答

②わからなかった単語を抽出

③抽出単語の掲載有無をチェック

④カバー率を単語集ごとに比較

すでに使っている単語集がある場合は、続けて良いかをチェックできます。

最終的には、「俺はコイツとなら死んでもいい！」というくらい1冊を究めることをお勧めします。

使える単語集

東大生利用ランク	単語集名	出版社	語彙数	特徴
		概説		
金メダル	速読英単語 必修編	Z会出版	1850	速読教材として威力発揮!
		100～250語の入試英文を読みながら単語を覚える。 単語集というよりも読解教材として価値あり。 これを156語／分で読めれば、東大英語はかなり楽。		
銀メダル	速読英単語 上級編	Z会出版	900	速読教材として威力発揮!
		基本的には「必修編」と同じ。 別冊で同意表現、対比や語源・語幹に基づく推測法を解説。 レベルはやや高めだが、速読教材としては利用すべき。		
銅メダル	DUO3.0	ICP	1600	例文暗記の最高峰!
		560本の基本例文に重要単語と熟語のバランスが良く、 英語の学習時間が確保しにくい受験生にはオススメ。		
4位	英単語 ターゲット 1900	旺文社	1900	一語一意で出現頻度順!
		出現頻度順で中心的な意味のみを掲載。 とにかく、シンプルに1語1語を力技で暗記したい場合には便利。自分で隠してテストしやすいデザイン。		
5位	システム 英単語	駿台文庫	2150	ミニマルフレーズで効率暗記!
		最短フレーズで暗記をする工夫がなされている。 また、徹底的に出現頻度順に配列。 多義語の整理は秀逸であり、ここだけでも見る価値はある。		
6位	速読英単語 入門編	Z会出版	1500	速読教材として威力発揮!
		基本的には「必修編」と同じ。 中学範囲の重要単語を含んでおり、単語をゼロから再構築したい場合にはオススメ。これは156語／分で読みたい。		

東大生利用ランクは志塾の調査による。
（100人超の東大生に対してアンケート票記入形式により集計）

単語集はまずは1冊を究めよう！

基礎対策／単語②

出現頻度順に攻略する

まずは表を見てください。これは英語の単語の出現頻度表です。そして、これらの情報を基に頻出する品詞をまとめたのが上の一覧。

「コレなんやねん！」と思うかもしれませんが、英語の基礎を徹底的に定着させようと思ったら、まずは頻度の高いものから順番に完璧にしていくのが正しい対策です。

もし、この7つの、**高い頻度で出現する品詞の理解が曖昧であれば、その頻度に合わせてミスをするリスクが高まる**と思います。

本書では、頻度の高い7つの品詞グループの中で、特に取り組み方で差がつくものを対象に説明していきたいと思います。

ですから、今回は代名詞とbe動詞については扱いません。

表を見て「こんな簡単なん、サルでもわかるし（笑）」と思ったそこのアナタ！　簡単な単語をナメてはいけないですよ。その理由はすぐにわかります。

最も出現頻度の高い品詞

① 冠詞
② be 動詞
③ 前置詞
④ 代名詞
⑤ 助動詞
⑥ 疑問詞
⑦ 接続詞

出典：Most common words in English
（http://en.wikipedia.org/wiki/Most_common_words_in_English）

順位	単語	順位	単語	順位	単語	順位	単語	順位	単語
1	the	21	this	41	so	61	people	81	back
2	be	22	but	42	up	62	into	82	after
3	to	23	his	43	out	63	year	83	use
4	of	24	by	44	if	64	your	84	two
5	and	25	from	45	about	65	good	85	how
6	a	26	they	46	who	66	some	86	our
7	in	27	we	47	get	67	could	87	work
8	that	28	say	48	which	68	them	88	first
9	have	29	her	49	go	69	see	89	well
10	I	30	she	50	me	70	other	90	way
11	it	31	or	51	when	71	than	91	even
12	for	32	an	52	make	72	then	92	new
13	not	33	will	53	can	73	now	93	want
14	on	34	my	54	like	74	look	94	because
15	with	35	one	55	time	75	only	95	any
16	he	36	all	56	no	76	come	96	these
17	as	37	would	57	just	77	its	97	give
18	you	38	there	58	him	78	over	98	day
19	do	39	their	59	know	79	think	99	most
20	at	40	what	60	take	80	also	100	us

出現頻度順に単語を攻略しよう！

基礎対策／単語③

「冠詞」は意外と奥が深い

冠詞は頻度別のランキングでは、the・a・anが上位に入ります。また、カウントが不可能な無冠詞を含めるとグループ単体としてはダントツだと思います。

その**冠詞は、実は意外と奥が深く、英作文などでは結構ミスの原因**になります。ぶっちゃけ僕もよく間違えました。

日本人の冠詞の理解がいかにひどいかは、マーク・ピーターセン著の『日本人の英語』『続日本人の英語』を読めばかなりイメージがわくと思います。

僕自身、両書を少し読んだだけで、いかに今までの自分の冠詞の理解度に問題があったかを思い知りました。少し、引用させてもらいます。皆さんもぜひ読んでください。

Last night, I ate a chicken in the backyard.

この文に違和感を感じましたか?

著者曰く、これを外国人が聞くと、「夜が更けて暗くなってきた裏庭で、その人が血と羽だらけになった口元に微笑みを浮かべながら、ふくらんだ腹を満足そうになでている」光景が思い浮かぶそうです。

a chickenはあくまでも1羽の鶏を表し、chickenは鶏肉を表すのだそうで、ここでは、正しくはate chickenになると指摘し

鶏か、鶏肉か

Last night,
I ate a chicken
in the backyard.

冠詞を間違えると大変なことになる！

ています。

冠詞で混乱の原因になるのは三つです。

詳細は次ページを見てください。

一つ目は、**「①基本的な使い分け（可算名詞）」**。まずは、通常のｔｈｅとａ／ａｎの使い分けをしっかりと理解することです。これを極めたい方は、文法書よりも先ほど紹介したピーターセン氏の著作をお勧めします。

その上で、**可算名詞の場合では通常はあり得ない「無冠詞で単数」になる例外ケースを押さえることが重要**です。

二つ目は、**「②基本的な使い分け（不加算名詞）」**の主役である不加算名詞です。知らなければ引っ掛け問題でハメられるので覚えるしかないです。

不可算名詞は一見、無冠詞で単数形に見えるので要注意です。

最後は、**「③一般的な総称の場合」**です。「鶏というものは」のように鶏全体について語るようなときに必要な表現です。よく使われる順番で表③の［1］－［3］になっています。

これらは、**ｔｈｅが付くのに特定されていなかったり、ａ、ａｎがつくのに具体的なものではなかったりしますので、要注意**です。

代表的な不可算名詞

物質名詞	gold 金、water 水、気体 air　など
抽象名詞	music 音楽、work 仕事、information 情報　など
集合名詞	baggage 手荷物、news 報道、furniture 家具、equipment 装置　など

冠詞で混乱する3つの原因

① 基本的な使い分け（可算名詞）

可算名詞…数えられる名詞で複数形が存在

	定冠詞	不定冠詞	無冠詞
単数	特定の 一つのもの	未知の 一つのもの	[可算名詞の一部] ・物質的な意味になる a chicken（鶏）→chicken（鶏肉） ・抽象的な意味になる a love（一つの具体的な恋愛）→love（愛というもの） [可算名詞における例外] ・機能に焦点 (go to school) ・byで手段 (by bus) ・慣用句 (in fact) ・名詞の対句 (day and night) ・スポーツ・食事 (play baseball) ・その他
複数	特定の 複数のもの	×	未知の 複数のもの

② 基本的な使い分け（不可算名詞）

不可算名詞…数えられない名詞

	定冠詞	不定冠詞	無冠詞
単数	特定のもの	×	未知のもの
複数	×	×	×

③ 一般的な総称の場合

「一般的に鶏というものは」というような使い方

	定冠詞	不定冠詞	無冠詞
単数	[3] 他とは 違うという イメージ The chicken	[2] 具体例 を説明する イメージ a chicken	× 他の意味になるケースがある a chicken（鶏）→chicken（鶏肉）
複数	×	×	[1]最も日常会話的 chickens

冠詞は無冠詞への対応が重要！

基礎対策／単語④
「前置詞」はイメージで覚える

前置詞は日本語の助詞の「て・に・を・は」などと似ていて細かいです。

そして、前置詞はイディオムの問題などの印象が強いため、間違っているか合っているかという観点で捉えがちです。

こんな細かいものを覚えるのに意味があるのかと思った人も少なくないでしょう。僕自身も前置詞はよく間違えましたし、結構混乱していました。

同じ前置詞でもイディオムの一部になっているものは固有の意味を持ちますので、覚える必要があります。

これは残念ながらコツコツとやらざるを得ないでしょう。

ただ、イディオム以外の部分については、「正解はいつも一つ!!」という某有名探偵的な発想は捨てたほうが良いと思います。

例えば、次ページの図では、in、between、on、by、over、under、above、below、nearの9つの前置詞とthe linesの組み合わせの例です。

かなり強引な解釈も中にはありますが、どの前置詞を使っても、ある程度どこを指すのかはイメージできるということが大切です。

さまざまなイメージを想起しうる前置詞ですが、**ネイティブがどのようなイメージを**

（下図における）前置詞のイメージ

on	線上にくっついているイメージが強い
between	線と線の間を表す
above と below	線のさらに上や下を表す
near	線の周囲を表す
by	線のそばを表す
in	囲まれているイメージが強い
at	あくまでも線ではなく点を指します
over や under	動きがあり上下を横切るイメージが強い

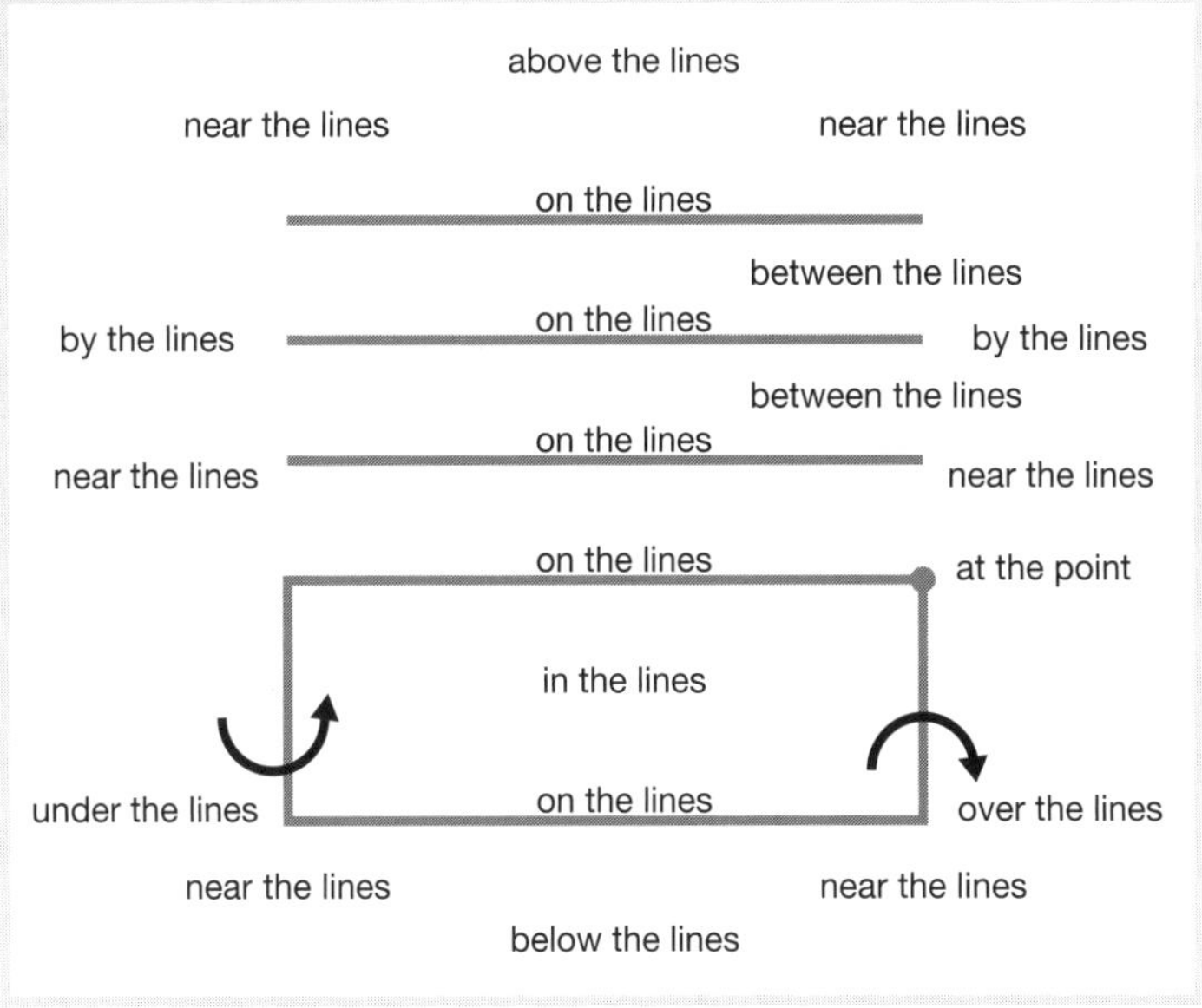
above the lines
near the lines
near the lines
on the lines
between the lines
by the lines
on the lines
by the lines
between the lines
on the lines
near the lines
near the lines
on the lines
at the point
in the lines
under the lines
on the lines
over the lines
near the lines
near the lines
below the lines

個々のイメージをつかむことが大切！

持ってイディオムを使っているかをイメージ図を使ってまとめた良書があるので次ページで紹介します。

いずれも、難しいことをとことんかみ砕いて説明する参考書を出していることが多い、ベレ出版から出ている本です。

ｏｎとｉｎのイメージの違い、ａｔとｔｏのイメージの違い、ｉｎとｉｎｔｏのイメージの違いなどがイラスト盛りだくさんでまとめられています。

これらの本のイラストを使ったイメージの違いに数多く触れれば、イディオム問題で定着してしまった、正解が一つしかないんじゃないかという強迫観念からはかなり解放されるのではないでしょうか。

正解が一つとは限らないというのは、前置詞の違いでニュアンスが多少変わるだけで、どちらでも正しいことがあるということです。

その他、**前置詞に関しては、駿台出版の『システム英熟語』がお勧め**です。

これはｇｏやｍａｋｅなどの基本動詞と前置詞や副詞の組み合わせでイディオムの大部分を整理した参考書です。

前置詞の意味別にイディオムがまとめられていたりして、相当便利です。

ぜひ、お試しください。

前置詞をイメージで捉える参考書

●『ネイティブの感覚で前置詞が使える』（ベレ出版）

●『ネイティブの感覚でもっともっと前置詞が使える』（ベレ出版）

●『ネイティブの感覚でもっと前置詞が使える』（ベレ出版）

●『システム英熟語』（駿台文庫）

相当便利な良書！

基礎対策／単語⑤
「助動詞」はグループ分けする

助動詞はどうやって学んでいますか？

結構、文法書を丸覚えしてしまっている人が多いのではないでしょうか。

丸覚えは確かに有効な方法なんですが、あまり多用しすぎると覚えるものが多すぎてパンクしますし、いったん、自信がなくなってしまうと総崩れする危険性をはらんでいます。

さらに、定期テストなどの短期決戦の場合はいいんですが、受験などの長期戦になるとどうしても頭の中がすっきりせずに臨むことになります。

そこで、何かいい対策はないものかと一念発起して助動詞を全体感を持って自分なりに再整理しました。すると、実は**助動詞は三つのグループに分けられる**ことが分かったんです。

①依頼・許可
②可能性予測
③自己表現

通常、私たちが悩むものの多くは、①依頼・許可、②可能性予測の二つのグループに含まれます。これらは後述します。

残りは、③自己表現ですが、これは可能、習慣、意思の三つだけになります。

内容的にはよく出てくるものですので、ま

助動詞は大きく3つのグループに分けられる！

①　依頼・許可グループ

意味	誰かに何かを頼んだり、誰かに意向を確認したりする
例	～してください。 ～しませんか? ～すべきだ。

詳細は次ページ！

②　可能性予測グループ

意味	何かが起こる確率を可能性の判断に従って予測する
例	～必ず～だろう ～するかもしれない ～起こりうる

詳細は P.130 で詳述!

③　自己表現グループ

意味	可能・習慣・意思などの自己に関することを表現する
例	～できる ～したものだ ～するつもりである

可能	can, could, be able to　～できる 過去の実際にできたことは be able to を使い、could は使えない
習慣	would often, used to　～したものだ used to は現在はもう成り立たなくなってしまったことを表す
意思	will, would　～するつもりである

全体感を持って再整理してみました！

とめてしまいましょう。

まず、**①依頼・許可グループは、「頼む側から頼まれる側への強制度」によって順序付け**をしてまとめています。

例えば、一番上が強制度１００％で、意味的には「〜しなければならない」で有無を言わさず命令的に物事を実行させるものになります。

一方で一番下の例では、強制度０％は、意味的には「〜してもよろしいですか？」という形で断られるのも覚悟の上で許可を求めています。

その他のものについても、同様です。

一方、**②可能性予測グループは、「予測する側から見た確定度」によって順序付け**をしてまとめています。

例えば、一番上は「確信」ですので、確定度は１００％で、意味も「〜に違いない」ということで断定的な表現になっています。

また一方で一番下の「可能性」については、確定度は25％で、意味も「〜がありうる」ということで、かなり弱い表現になっています。

その他のものについても同様です。

今回の表のような形で助動詞がまとめられた参考書は少ないですよね。

整理の仕方ひとつで理解の度合いが違います。

頑張ってください。

強制度と確定度で助動詞をまとめよう

① 依頼・許可グループ

<table>
<tr><th>強制度</th><th>種別</th><th>対象の助動詞</th><th colspan="2">補足</th></tr>
<tr><td rowspan="2">100%</td><td rowspan="2">義務・必要</td><td>must, have to, need</td><td rowspan="6" colspan="2">特に制約なし</td></tr>
<tr><td>～しなければならない</td></tr>
<tr><td rowspan="2">85%</td><td rowspan="2">忠告</td><td>had better</td></tr>
<tr><td>～した方が良い</td></tr>
<tr><td rowspan="2">70%</td><td rowspan="2">当然</td><td>should, ought to</td></tr>
<tr><td>～して当然だ</td></tr>
<tr><td rowspan="2">50%</td><td rowspan="2">依頼</td><td>can, could, will, would</td><td rowspan="6">疑問形</td><td rowspan="2">主語は一人称以外</td></tr>
<tr><td>～できませんか?</td></tr>
<tr><td rowspan="2">25%</td><td rowspan="2">意思確認</td><td>shall</td><td rowspan="4">主語は一人称</td></tr>
<tr><td>～しましょうか?</td></tr>
<tr><td rowspan="2">0%</td><td rowspan="2">許可</td><td>can, could, may</td></tr>
<tr><td>～してもよろしいですか?</td></tr>
</table>

② 可能性予測グループ

確定度	種別	対象の助動詞
100%	確信	must, can't ～に違いない／～のはずがない
85%	見込み	should, ought to ～のはずだ
70%	推測	will, would たぶん～だろう
50%	半々	may, might ～かもしれない
25%	可能性	can, could ～がありうる

整理の仕方ひとつで理解が深まる！

基礎対策／単語⑥

「疑問詞」は5W2Hで

次は、疑問詞ですが、基本的なものは次ページの表に整理しました。

疑問詞については、文法的に今までと違って鮮やかな整理ができると思っていないのですが、英語以外にも役に立つ考え方を学べるということで敢えて取り上げました。

その役に立つ考え方とは次ページの表の左端の列にある「5W2H」というものです。単純な話、疑問詞の頭文字だけを取って、よく使う問いかけを網羅的にまとめたものです。

僕が効果を実感したのは二つのケースでした。

一つは、**「質問を考えるときに対象の抜け漏れのチェック」**をすることです。

もう一つは、**「計画を立てる際に具体化されているかどうかのチェック」**に活用していました。

例えば、計画でWhyが抜けているとそもそも目的を見失っている状態ですし、Whenが抜けていると、いつまで経ってもやらないことになりかねませんよね。

これって単純ですが、強力です。

疑問詞は5W2Hで理解しよう！

5W2H	単語	内容		意味
W	Who	人		誰が
	Whose			誰のもの
	Whom			誰を
W	What	物事・概念	対象が無限・不明の場合	何が
				何の
				何を
	Which		対象が有限の場合	どれ
				どの
				どれを
W	When	時		いつ
W	Where	場所		どこで
W	Why	目的		何のために
H	How	手段		どうやって
H	How far	程度	遠近	どのくらい遠く
	How long		長短	どのくらい長く
	How many		数量	どのくらいの数
	How many times		回数	どのくらいの回数
	How much		金額・軽重	どのくらいの
	How often		頻度	何度くらい
	How old		年齢	何歳くらい
	How soon		時期	いつくらいに
	How tall		高低	どのくらいの高さ

「抜け漏れ」と「具体化」をチェック！

基礎対策／単語⑦

「接続詞」は5種類に集約

接続詞は論理性の核となるものです。

前述のように文章の接続関係は、＝（同等）・⇔（対比）・⇒（因果関係）の三大接続関係と、＋（付加）、―（転換）の5つの種類に集約できます。

まず**大切なことは、接続関係が5つしかないことを認識すること**です。そうすれば、読み書き時の論理構造の把握にかなり自信を持てるようになります。

次に大切なのは、**接続関係が同じ（＝）ことを言っているのか、違う（≠）かを意識すること**です。接続関係が同じ（＝）ことを言っている場合は読み飛ばせますので、頭がどんどんすっきりしますよ。

そして、次に**意識すべきことは、因果関係（⇒）と対比（⇔）を見極めること**です。これらの接続関係は文の論理の骨格を作るものですので、論旨をつかむ上では、非常に大切です。

以上の基本的な三つの接続関係さえ押さえれば、後は、まったく別の話題に転換（―）したか、足し算的に話が付け加えられてきた（＋）かのどちらかです。

慣れるまでは大変ですが、慣れると結構ラクですよ。頑張ってください！

次に、先ほど説明したイコール（＝）の関係を判定する上でのコツをまとめたいと思い

接続詞は論理性の核

イコール	接続詞は5つだけ! A=B =か≠かを常に意識!		1	同等	具体化・言い換え・比喩・引用	例えば (for example) 言い換えると (in other words) まるで (as if) 実際に (in fact)
					抽象化	つまり (in summary)
ノットイコール		A⇒B (B⇒A)	2	因果関係	肯定の関係	だから (so) なぜなら (because)
					否定の関係	しかし (but) もっとも (although)
	A⇔B ⇒と⇔を見極めよう	A⇔B	3	対比		いっぽう (on the other hand) または (or)
		A+B	4	付加		そして (and) さらには (in addition) ただし (provided that)
		A｜B	5	転換		さて (by the way)

(http://www.shi-juku.com/eigojutsu/)からさらに詳しい資料をダウンロードできます。

試行錯誤しながら進化させた結果、この方法は算数式文章読解として確立しました。

極めたいと思われた方は、僕がバイトしている志塾の(http://www.shi-juku.com)の現代文講座をご受講くださいませ♪


パターンをつかめば接続詞は怖くない!

ます。

次ページのイメージのようになります。

基本は、**イコールの関係を表現するには、「具体化」と「抽象化」で表される具体性の軸と、「仮想」と「現実」で表される情報源・種類別の軸と、別の言葉で言い直す「言い換え」の軸の三つ**があります。

同じことを表現しようと思ったら、この三つの軸で表される空間座標の中で適切な表現内容・方法を決定することになります。

強調しておきたいこととしては、言葉の論理関係の二大関係である帰納法と演繹法の二つと接続詞の関係です。

次ページのように＝が帰納的、⇒が演繹的な論理に対応しています。

「帰納法」のイメージは、＝である例をたくさん挙げて多数決で賛成をもらう感じです。

一方、**「演繹法」のイメージは、複数の根拠を基にして、⇒の関係に基づいて連立方程式を解いて結論を導く感じ**です。

どちらも大切ですので、この機会に完璧にしてくださいッ！

イコール（=）の関係を判定するコツ

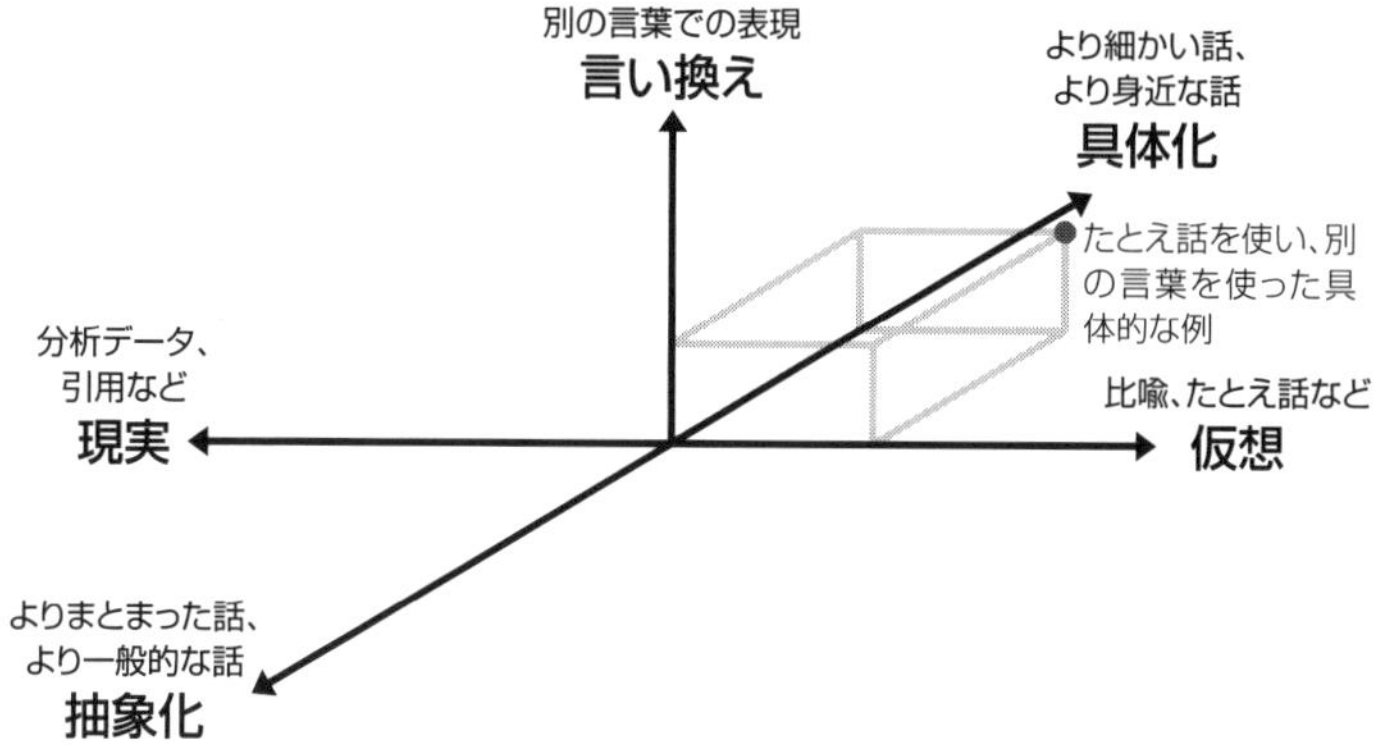
別の言葉での表現
言い換え
より細かい話、
より身近な話
具体化
たとえ話を使い、別の言葉を使った具体的な例
分析データ、
引用など
現実
比喩、たとえ話など
仮想
よりまとまった話、
より一般的な話
抽象化

=のパターンは三つの軸!

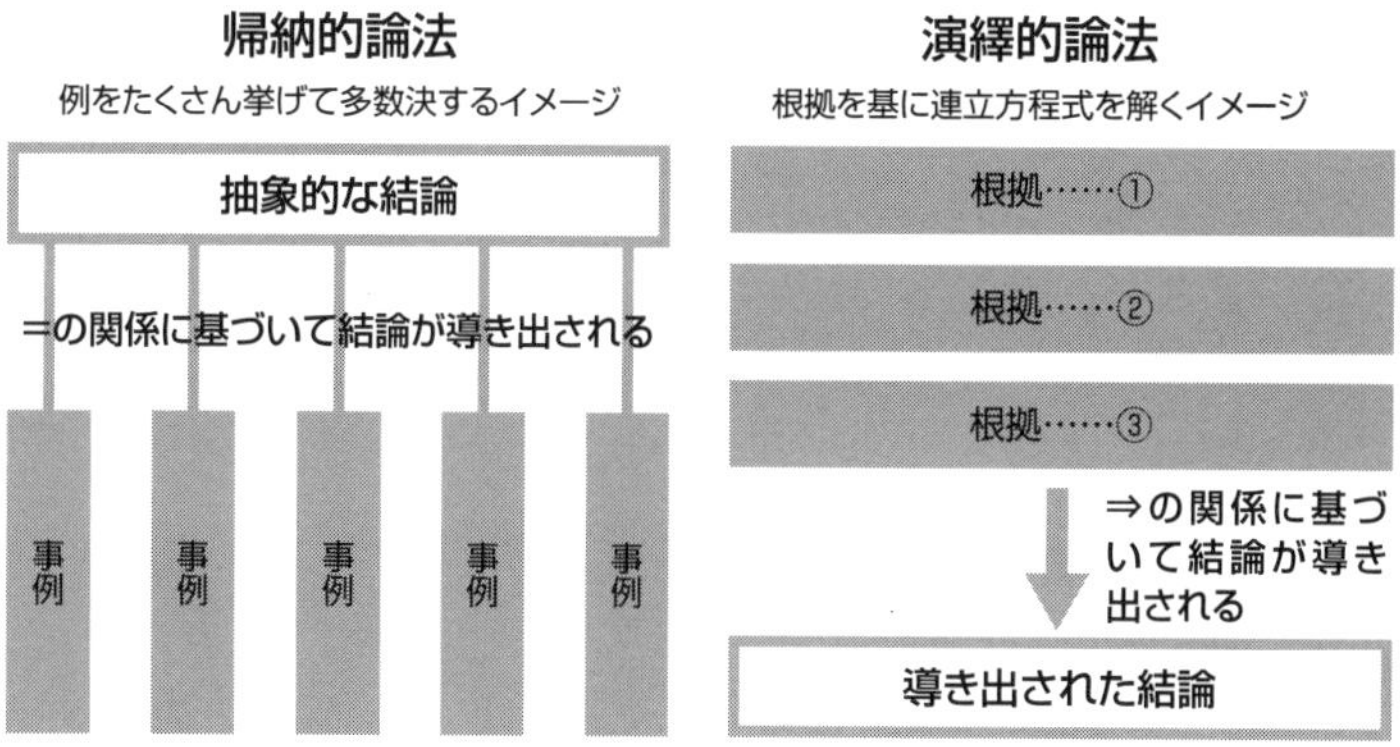
帰納的論法
例をたくさん挙げて多数決するイメージ
抽象的な結論
=の関係に基づいて結論が導き出される
事例
事例
事例
事例
事例
演繹的論法
根拠を基に連立方程式を解くイメージ
根拠……①
根拠……②
根拠……③
⇒の関係に基づいて結論が導き出される
導き出された結論

帰納は=、演繹は⇒！

基礎対策／単語⑧
形容詞は対比で克服する

ここまでは出現頻度順攻略ということで、比較的数の少ない品詞の攻略をしてきましたが、そうすると残りは動詞・名詞・形容詞・副詞くらいしかありません。

これらを全部対策するのは大変です。

そこで、残りの品詞の中で特に作戦を立てやすく、重要である「形容詞」の対策を紹介したいと思います。

形容詞が重要なのは単純な語形変化で副詞になることが多いこともあるのですが、もっと重要なのは、**形容詞は価値観や意見を表現する役割を持つ**からです。

例えば、まったく言葉の通じない人との対話を想像してみてください。名詞はモノを指差せば何とかなりますし、動詞は身振り手振りでも、演技の才能がよっぽど貧しくない限り伝わるでしょう。

一方、形容詞は伝えにくいので、せいぜい良い悪いくらいが限界でしょう。

僕が取った**形容詞対策は単純で、とことん対比にしてセットで覚える**という作戦です。

形容詞に関しては説明するよりも一目瞭然なので、対比にして作成したリストを一部抜粋して載せちゃいます。本当は150組で対比させています。

ご活用ください！

形容詞の対比リスト

フルセットで150組の形容詞の表から25組のみ抜粋

大分類	分類	単語1	意味1		単語2	意味2
	メジャーで測れるもの	high	高い	⇔	low	低い
	時計で測れるもの	quick	早い	⇔	slow	遅い
	体重計で測れるもの	fat	太った	⇔	slender	細い
定量	温度計・湿度計で測れるもの	hot	暑い	⇔	cool	寒い
	その他の測れるもの	dense	濃い	⇔	pale	淡い
	方向	right	右の	⇔	left	左の
	順番・部分	head	頭の	⇔	tail	尾の
	人の性格	wise	ずる賢い	⇔	foolish	愚かしい
	人の状態	relaxed	落ち着いた	⇔	nervous	神経質な
	人の印象	comfortable	気持ちいい	⇔	severe	苦しい
	視覚	beautiful	美しい	⇔	ugly	醜い
	聴覚	quiet	静かな	⇔	loud	うるさい
	味覚	sweet	甘い	⇔	bitter	苦い
	触覚	smooth	滑らかな	⇔	rough	粗い
	時間	hasty	急な	⇔	gradual	緩やかな
定性	善悪・正誤	good	良い	⇔	bad	悪い
	公私・自他	public	公の	⇔	private	私の
	重要性	important	重要な	⇔	slight	つまらない
	比較	same	同じの	⇔	different	違う
	優劣	superior	優れている	⇔	inferior	劣っている
	充足状況	enough	十分な	⇔	lacking	欠乏した
	認知度・特殊性	real	現実の	⇔	virtual	仮想の
	難易度・複雑性	easy	易しい	⇔	difficult	難しい
	自由・安全・変化	safe	安全な	⇔	risky	危ない
	人工・自然	urban	都会的	⇔	rural	田舎の

(http://www.shi-juku.com/eigojutsu/)から完全な表のExcelファイルをダウンロードできます。

形容詞は対比で対策しよう！

基礎対策／単語⑨
語源・派生語を徹底活用する

東大英語に耐えうる単語数が8000語程度だというのは、前述しました。

この膨大な数をこなすためには、何も考えずに取り組んでも自爆するだけです。

そこで、僕が考える効率の良い作戦の概要をまとめてみたいと思います。

具体的には次の順番で取り組みます。

①よく使う品詞の攻略
②よく使う単語の攻略
③形容詞の対比
④よく使う名詞と動詞
⑤語源と派生語を意識
⑥一元管理の徹底

①・③は前述しました。併せて、②は見ての通りです。④は学生、ビジネスマンが朝起きてから寝るまでに見る物の名詞、行う動作を表す動詞をまとめたものです。

結果として①〜④をすべて足すと1200語になります。

今回の趣旨とはズレますが、この**1200語を決める考え方は語学を習得する上でどの言語においても通用する**ものだと思っています。

これらが完璧であれば、通常の生活に支障はないと思います。

⑤は次ページで、⑥は後述します（P

8000語攻略の順番

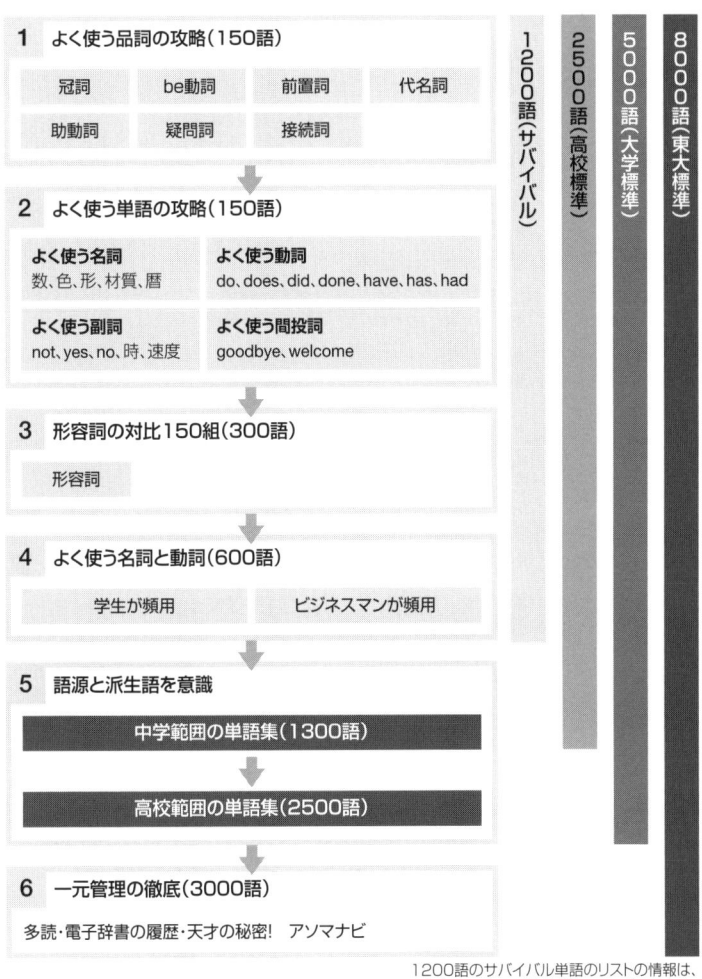

1 よく使う品詞の攻略(150語)

冠詞 / be動詞 / 前置詞 / 代名詞 / 助動詞 / 疑問詞 / 接続詞

↓

2 よく使う単語の攻略(150語)

よく使う名詞
数、色、形、材質、暦

よく使う動詞
do、does、did、done、have、has、had

よく使う副詞
not、yes、no、時、速度

よく使う間投詞
goodbye、welcome

↓

3 形容詞の対比150組(300語)

形容詞

↓

4 よく使う名詞と動詞(600語)

学生が頻用 / ビジネスマンが頻用

↓

5 語源と派生語を意識

中学範囲の単語集(1300語)

↓

高校範囲の単語集(2500語)

↓

6 一元管理の徹底(3000語)

多読・電子辞書の履歴・天才の秘密! アソマナビ

1200語(サバイバル)：1〜4
2500語(高校標準)：1〜5(中学範囲の単語集)
5000語(大学標準)：1〜5(高校範囲の単語集)
8000語(東大標準)：1〜6

1200語のサバイバル単語のリストの情報は、
(http://www.shi-juku.com/eigojutsu/)からExcelファイルをダウンロードできます。

単語は重点志向でよく使うものから極めよう!

156)。

前ページの「⑤語源と派生語を意識」を進める上では、語源や派生語のルールにははまり過ぎず、ほどほどにしておいたほうが良いです。

例えば、語源を極めようとするあまり、極端な話が「俺、最近ラテン語の勉強を始めちゃってさぁ」というようなことがあっても、適度なところで自制する場合は良いのですが、過度に取り組んでしまうと、本末転倒です。

また、語源の参考書も何冊か出ていますが、それら自体もすべてを参考にするのはやり過ぎだと思っています。

あくまでも暗記する上で効率が上がると思われるものだけに特化して取り組むのが良いと思います。

そういった意味で、今まで見た本の中で一番バランスが良いのは『**語源で増やす英単語**』です。

この本の活用法として**一番お勧めしたいのは、巻末の「接頭辞・接尾辞　連結形一覧表」**です。このリストに載っているものは、直感でわかるものが多く、知らないと損をするものばかりです。

まずは、このリストを徹底暗記するのが一番効率的です。

特に接尾辞については、派生語に強くなるためには必須の情報ですので、ぜひ、見てください。

また、本文はテーマごとにまとまっていますが、あとは、自分の役に立つと思うものだけを選択的に暗記すれば良いと思います。

お勧め英単語参考書

●『語源で増やす英単語』
（ベレ出版）
恒石　昌志　著

接頭辞・接尾辞　連結形一覧表からの抜粋

接頭辞連結形	意味	単語
uni-	1	unicycle（一輪車）
bi-	2	bycycle（自転車）
tri-	3	tricycle（三輪車）
dec-	10	decade（10年）
cent-	100	century（100年）
milli-	1000	millimeter（ミリメートル）
anti-	反	antipathy（反感）
ex-	外に	export（輸出する）
pre-	前に・先に	predict（予言する）
sub-	下に	submarine（潜水艦）
trans-	移す	transform（変形する）

接頭辞連結形	品詞	単語	補足
-an	名	musician（音楽家）	人
-ess	名	actress（女優）	その動作をする人（女性）
-tion	名	absolution（許し）	
-ance	名	finance（財政）	
-ness	名	happiness（幸福）	
-ism	名	capitalism（資本主義）	主義・哲学
-cracy	名	democracy（民主政治・主義）	政治・支配
-oxide	名	dioxide（二酸化物）	酸化物
-able	形	predictable（予測できる）	可能
-en	動	shorten（短くする）	
-ly	副	deeply（深く）	

このリストを徹底暗記！

基礎対策／単語⑩

一元管理を徹底する

世の中にさまざまな単語集が出ていますが、**どの単語集もそれ単独で東大英語に出る単語すべてを網羅することはできません。**

東大生の平均である語彙数6000レベルまでなら、中学範囲の単語集と高校範囲の単語集を1冊ずつで到達すると思いますが、その後は有効な手段は簡単には見つかりません。

単語集に何冊も取り組むことがすぐ思いつきますが、それはそれで時間がかかりすぎますよね。

単語集同士での内容の重複もあるでしょうし、単語カードを作りましょうか。

でも、地道に取り組める人は良いでしょうが、大部分の人は挫折しそうです。

っていうか、高校生になると数が増えて僕もめんどくさくなってやめました。

では、電子辞書で引いて履歴や単語リストに蓄積するのはどうでしょう?

これなら、かなり続けられそうですよね。普通に単語の意味をわからないときは辞書を引きますし、そのついでですれば手間も省けます。

自分に合った単語集を一冊選んで、それを音声教材を併用して完璧にし、その上で「雑読」・「精読」の訓練をする中で、電子辞書に蓄積していくのが、まずは良い方法だと思います。

お勧め電子辞書

●XD-GW9600
(カシオ株式会社)

「手書きパネル」に単語帳登録欄があり、触れるだけで登録ができて便利!
収録辞書も充実! 「ランダムハウス英和大辞典」や「新和英大辞典など」

●SR-G10000
(セイコーインスツル株式会社)

上級者の期待に応える内容。
研究社の「新英和大辞典」「新和英大辞典」を収録し英語プロフェッショナル向けのコンテンツが充実!

履歴や単語リストに蓄積しよう!

その他、東大英語のボキャブラリー対策として特殊なサービスがありますので、紹介します。

「天才の秘密！　アソマナビ」という携帯の公式サイトの学習サービスです。ｄｏｃｏｍｏとｓｏｆｔｂａｎｋで展開しています。ａｕでは、**「東大生監修！　英語暗記塾」**という名前になっています。

正直に言いますと、これは僕がバイトをしている志塾のスタッフが中心となって開発したサービスです。

東大の単語対策としては必見の価値があるので、敢えて紹介します。

特徴は、「①東大・センターの過去問の単語」、「②主要単語集に1度でも出てきたことのある単語」、「③それ以外で東大合格者が知っている単語」の三つを分析して、**東大合格のために必要不可欠な９５００語を抽出**していることです。

単語の理解度を履歴として残し、**センター試験の過去問や東大の入試問題のカバー率を自動計算したり、不足単語を自動抽出して苦手対策**を行ったりできます。

先ほど紹介した**単語集&音声教材&電子辞書を軸にしながら、このサービスでボキャブラリーの充足状況をチェックし、受験までに１００%を目指すのが最もスマート**だと思います。

携帯サイトの学習サービス

天才の秘密！　アソマナビ
（docomo）
[iMenu]-[メニューリスト]-
[生活情報]-[辞書／学習／便利ツール]-
[資格/学習]
（Softbank）
[メニューリスト]-
[働く・住む・学ぶ]-[学ぶ]

東大生監修！　英語暗記塾
（au）
[EZMENU]-[生活情報]-
[仕事・学習]

●訳⇔スペルの
どちらも確認可能

●センター・東大の
カバー率を一発計算

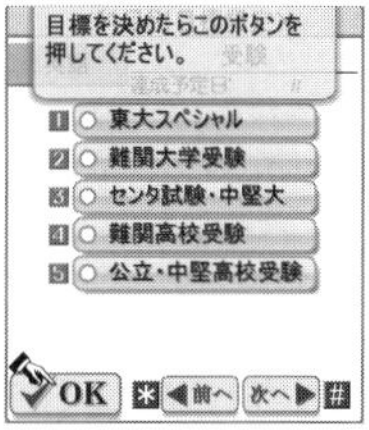

●東大対策の9500語を
自動抽出

●スペルを確認して
わかった気になる
を防止

●一語単位で
理解度を管理

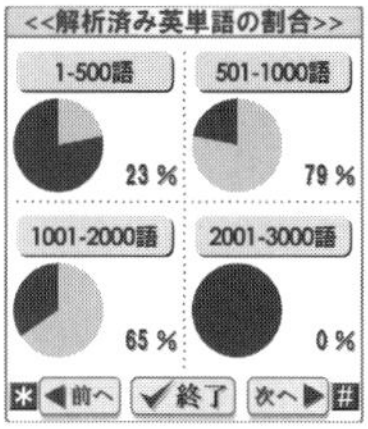

●語彙力の成長度合いを
常にチェック

ボキャブラリーの充足状況をチェック！

基礎対策／イディオム①

基本動詞＋前置詞・副詞の組み合わせ

イディオム（熟語）は、受験生にとっては手が回らないのではないでしょうか。**イディオムは覚えなければいけない数が多い上に出題数が多い**んですね。

また、読解の中でイディオムがわからないと致命傷になることが多いです。

そう、イディオムは頑張ると得します。

では、具体的にどうするかですが、悩んでいる人には前置詞でもお勧めした『**システム英熟語**』がマジ抜群です。

これを執筆された霜康司氏と刀弥雅彦氏の両氏は、『**システム英単語**』とか、『**UPGRADE英文法・語法問題**』など、徹底したデータの分析と、それに基づいて科学した名著を数多く執筆しています。

『システム英熟語』の表紙に「**打倒！ 丸暗記**」と書いてあるのですが、**そのコンセプトが1冊を通じて、徹底的に展開**されています。

多くの人が「イディオムは細かいものを数多く覚えなければいけない」というイヤーなイメージを持っていると思うので、救世主的な1冊です。

『システム英熟語』はgo、comeなどの**基本単語とin、byなどの前置詞や、up、downなどの副詞との組み合わせを中心にイディオムをまとめた画期的な本**です。

イメージとしては、イディオムの70％くら

使えるイディオム対策集

東大生利用ランク	単語集名	出版社	語彙数	特徴	概説
金メダル	システム英熟語	駿台文庫	1446	打倒! 丸暗記	徹底的に科学された至極の逸品。 基本動詞+前置詞、基本動詞+副詞で大部分の熟語をまとめあげ、暗記効率を大幅に向上させる。
銀メダル	速読英熟語	Z会出版	1079	速読教材として威力発揮!	100〜250語の入試英文を読みながら単語を覚える。 熟語集というよりも読解教材として価値あり。 これを153語／分で読めれば、東大英語はかなり楽。
銅メダル	DUO3.0	ICP	1000 (イディオム)	例文暗記の最高峰!	560本の基本例文に重要単語と熟語が重複なしで整理されている。単語と熟語のバランスが良く、英語の学習時間が確保しにくい受験生にはオススメ。
4位	英熟語ターゲット1000	旺文社	1000	一語一意で出題頻度順!	出現頻度順で中心的な意味のみを掲載。 とにかく、シンプルに1つ1つを力技で暗記したい場合には便利。自分で隠してテストしやすいデザイン。
5位	解体英熟語	Z会出版	984	形式で類型化して効率UP!	暗記カード型レイアウトで見やすい。 基本的に品詞の組み合わせの型ごとに分類してあり、覚えやすい。 巻末付録の前置詞、動詞毎の整理は理解を助ける。
6位	英熟語フォーミュラ1000	ナガセ	1000	正確表記で高品質暗記!	文法的に同じタイプの熟語をグルーピングして掲載。 名詞は「~」、形容詞や副詞は「...」、節は「SV」とするなど、明確に区別された記号で熟語を表記。

東大生利用ランクは志塾の調査による。
(100人超の東大生に対してアンケート票記入形式により集計)

システム英熟語が圧倒的な暗記効率を実現!

いは、この基本動詞＋前置詞と基本動詞＋副詞の組み合わせを基本としながら、基本動詞のグループ、前置詞のグループ、副詞のグループの三つのグループでカバーするという感じです。

そして、イディオムの残りの30％についても、「数と量」や「名詞」や「形容詞と文型」や「助動詞」といったテーマでギリギリまでグループ分けすることを試みています。

僕の使用感としては、とにかく頭がすっきりします。バラバラだった断片的な知識が頭の中でどんどんつながっていくイメージですね。

単語での整理だけでなく、前置詞・副詞でも整理されています。

思い出すための糸口が、単語自体からと前置詞からの二つがあるのはかなりデカイですよ。

暗記はいろいろ大変ですが、少しでも整理されたものを使って効率よく覚えていきましょう！

『システム英熟語』がオススメ

	come	go	keep	take	make
on	come on よせよ。	go on ～し続ける	keep **A** on **A** し続ける	take **A** on **A** し続ける	
off				take off ～を脱ぐ 離陸する	
in	come in 収入として 入る			take **A** in **A** をだます	
at					
for		go for **A** **A** に出かける		take **A** for **B** **A** を **B** と思う	make for **A** **A** に向かって 進む
to	come to 意識を取り 戻す		keep to **A** **A** を守る	take to **A** **A** を好きに なる	
of					
from	come from **A** **A** の出身で ある		keep from **A** **A** しないで おく		make **A** from **B** **A** を **B** から つくる
with		go with **A** **A** と調和して いる			
by	come by ～を偶然手に 入れる	go by 過ぎる			
out	come out 明らかになる	go out 消える	keep out 中に入らない	take **A** out **A** を取り出す	make **A** out **A** を理解する
up	come up ～が生じる		keep **A** up **A** を維持する	take **A** up **A** を始める	make up 仲直りする 化粧する

基本動詞と前置詞・副詞の組み合わせでイディオムはOK！

基礎対策／イディオム②
動詞をイディオム化する

純粋なイディオムの話ではありませんが、対策がイディオム的なので、印象強化のために本章にしました。

ここでは自動詞と他動詞を取り上げます。基本事項ですので、わかっている方も多いかもしれませんが、まだ習っていない読者の方もいるかもしれませんので、軽くおさらいをしましょう。

自動詞は「目的語を持たない動詞」で、他動詞は「目的語を持つ動詞」のことですが、まずは具体例を見てみましょう。次ページを見てください。

単語集を見ていると、自動詞(intransitive verb)と他動詞(transitive verb)を辞書のようにVi、Vtとか(自)、(他)と書いて区別する場合と、他動詞は「～を……する」、自動詞は「～する」と訳して日本語訳によって区別する場合の2パターンがあります。

特に、後者の**日本語訳で差をつけている単語集を使っている人は、注意して読まないと案外見落としがち**です。

そんなことかと思われるかもしれませんが、侮っていると英作文のときに減点を量産しかねませんから、最初から注意してとりかかりましょう。

さて、ここから具体的な対策ですが、**他動詞はすべてイディオム的に覚えてしまうのが良い方法**です。

自動詞と他動詞に敏感になろう

自動詞（intransitive verb）

定義	目的語をもたない動詞
五文型との対応	SV（第 1 文型） SVC（第 2 文型）

他動詞（transitive verb）

定義	目的語をもつ動詞	
五文型との対応	SVO （第 3 文型） SVOO（第 4 文型） SVOC（第 5 文型）	O［目的語］がある

SVOC がわからない人は『くもんの英文法』がオススメ!

例）同じ意味でも自動詞と他動詞で単語が違う

上がる系	rise（自動詞）上がる raise（他動詞）～を上げる
横になる系	lie（自動詞）横たわる lay（他動詞）～を横たえる

例）同じ単語（run）で自動詞と他動詞で意味が違う

自動詞の場合	I run fast.（私は速く走る）
他動詞の場合	I run a company.（私は会社を経営する）

他動詞は目的語をなくすと言葉足らずになることが多い。
例えば、「私は経営する」だと、“何を?”という疑問を持たれやすくなる。

辞典の二つのタイプ　見落とさないように!

自動詞・他動詞を明記するタイプ	［自］走る、［他］（会社などを）経営する vi. 走る、vt.（会社などを）経営する
意味で説明しわけるタイプ	走る、～を経営する

注意して読まないと見落としてしまう！

具体例は次ページを参照してください。

単語に対して意味を覚えていく一語一意形式の単語集がありますが、これらはチェックテストをするなどの目的の場合を別として、長期的には記憶効率が高いとは言えません。

一方で、例文を丸暗記するタイプの単語集もありますが、これらは音声教材で確認することはあっても、丸ごと覚えるのは長すぎて厳しい場合があります。

そういった一長一短を考えた際に、イメージ付けがなされて、しかも、**他動詞と自動詞を区別して覚えることのできる「動詞のイディオム化」はかなり有効**な方法だと言えます。

単語集の中では、『システム英単語』のミニマルフレーズ(すべての単語ごとにrun a companyなどの言い回しが書いてあります)がこの考え方に近いので、自分で一から作るよりは、**『システム英単語』のフレーズを活用するのが効率的**です。

もったいないですが、動詞だけ『システム英単語』というのはアリですね。

動詞のイディオム化の例

他動詞	覚え方	目的語と合わせて覚える
	例	「run a company　会社を経営する」 「raise your hand　手を挙げる」 「lay an egg　卵を産む」
自動詞	覚え方	副詞と合わせて覚える
	例	「run fast　速く走る」 「rise highly　高く上がる」 「lie calmly　落ち着いて横になる」

[システム英単語シリーズ]
絶賛した『システム英熟語』の著者陣による単語集です。
レベルに合わせてどちらか選んでください!

『システム英単語』のフレーズを活用!

基礎対策／文法①

文法問題は三分割する

文法が苦手で問題集を一生懸命やっているのに、なかなか伸びない経験をする人は多いのではないでしょうか?

そして、1冊じゃ足りないから2冊、3冊というように、冊数とか努力の問題として片付けてないでしょうか?

僕自身、文法問題については安定するまで、かなり苦労しました。

しかも文法は、読解にも英作にも文法問題にもリスニングにも使いますから、どのように取り組むかによって全体の英語力に大きく影響します。

いわゆる**文法問題をよく分析してみると、「単語の問題」と「熟語の問題」が混ざっており、実は「純粋な文法の問題」だけではない**ことがわかります。

ですから、**文法対策として、まず大切なことは三者を混同しないこと**です。

単語・熟語は数も数千の単位で覚えなければいけませんから、時間の許す限りで覚えるしかありません。

ですから、短期間での成果を望むのは基本的に難しいと言わざるを得ません。

一方、純粋な文法事項は数が限られていますし、出題されるパターンも決まっているので、取り組みやすいんです!

文法の問題集を見てみると、「文法」「語法」「語彙」「イディオム」「発音・アクセント」

文法問題は3つに分けて攻略しよう

①　単語の問題

説明	単純に単語の語彙力を問う問題
具体的なパターン	特定の文の穴埋め問題で、attribute, contribute, distribute, tribute が選択肢になっているような問題
問題の例	His salary is too (　　) to support his famiry. ①inexpensive ②weak ③low ④cheap

②　イディオムの問題

説明	単純にイディオムの語彙力を問う問題
具体的なパターン	make up for の for の部分を穴埋めするとか、with, for, from, in の選択肢から選ぶような問題
問題の例	Because of the terrible weather, we had to put (①down ②off ③out ④up) our trip to Kyoto.

③　純粋な文法の問題

説明	純粋な文法事項の理解度を問う問題
具体的なパターン	条件の副詞節の中で、選択肢の中から正しい時制の形の選択肢を選ぶような問題
問題の例	Tom would answer the phone himself if he (　　) at home. ①is ②were ③would be ④would have been

大切なのは三者を混同しないこと！

のような形で分かれていることが多いと思います。

この中で、純粋な文法問題というのは文字通り「文法」というタイトルがついているものだけです。

「他のもどげんかせんといかん！」という声が聞こえてきそうですが、まずは文法問題だけでなく、読解・英作・リスニングなどでも出てくる純粋な文法を極めるのがスマートだと思いませんか？

純粋な「文法」問題に絞ると、量が3分の1程度になることがほとんどです。

まずは**良く使うものを完璧にして、あとは時間との相談で単語や熟語に取り組んでいくのが一番効率的**です。

大学受験以外でも、ＴＯＥＩＣや英検のために文法問題を勉強している人は多いと思い

ますが、この「単語」・「イディオム」・「純粋な文法」の三つで分けると、各テストの特徴が明確になります。

数字は一部の情報に基づく概算値なので、どこまで言い切れるかは微妙ですが、それでも、英検1級や準1級に文法問題が出題されないのはビックリです。

センター試験は文法重視ですね。

「単語」「イディオム」「文法」の割合

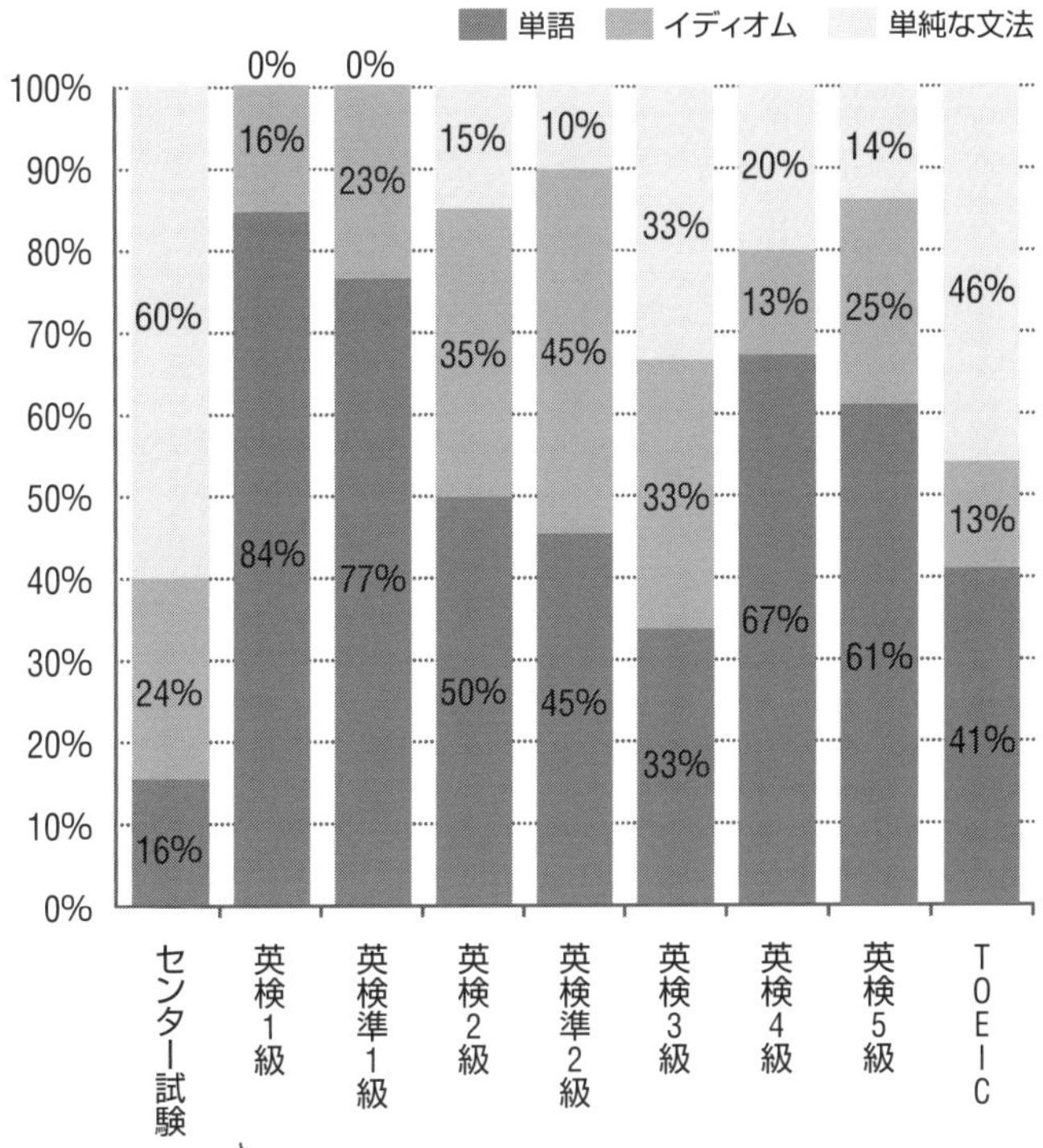
単語
イディオム
単純な文法
100%
90%
80%
70%
60%
50%
40%
30%
20%
10%
0%
60%
24%
16%
0%
16%
84%
0%
23%
77%
15%
35%
50%
10%
45%
45%
33%
33%
33%
20%
13%
67%
14%
25%
61%
46%
13%
41%
センター試験
英検1級
英検準1級
英検2級
英検準2級
英検3級
英検4級
英検5級
TOEIC

文法にも種類があるんだよ。
テストによって対策が違ってきますね！

3つに分けると文法対策のコツが見える！

基礎対策／文法②
15分間暗記度チェック

文法は暗記科目ですから、本当に理解できているかどうかを確認する方法を確立しなければいけません。

具体的には、前述した**A4の白紙に15分でどれだけ理解できているかを書いてまとめてみること**をお勧めします。

また、文法書は常に同じものを使い続けるほうが良いと思います。

お勧めなのは『**総合英語 Forest**』です。理由は、説明の丁寧さが圧倒的だからです。

東大合格者の中でのシェアも高いですし、TOEICなどの資格試験にもそのまま使い続けることができますので、できるだけ早い段階から『Forest』1本で行くのが良いと思います。

また、**文法で『Forest』に掲載されていないものがあった場合には、それらを紙にまとめたり、他の文法書をコピーしたりして、とにかく『Forest』に一元管理していくこと**です。

そうすれば、受験前にあなただけの最強の文法書となっていることでしょう。

そして、**初心者でいきなり『Forest』が厳しそうな人は、『くもんの中学英文法』で学習を開始し、ある程度のタイミングで切り替える**のが良いと思います。

また、ある程度、文法全体が理解できたら、

文法対策オススメ参考書

『総合英語 Forest』（桐原書店）
英文法対策の決定版。とにかくわかりやすく解説してあり、それでいて、説明量も十分なので、良質な知識が身に付く。

『くもんの中学英文法』（くもん出版）
英語をゼロからやり直したい場合にオススメです。2週間で基礎固めを一気にできる優れものです。

文法書は同じものを使い続ける！

一度、すべての文法項目を自分で分類してみることをお勧めします。

文法書の目次を自分で作ってみるイメージです。目標は目次がすべて含まれるように列挙することです。

最初はかなり難しいと思いますが、慣れてきてある程度の基準ができてくると、スムーズに書けるようになってきます。

全体の文法知識の質を高める練習の一つだと思って取り組んでみてください。

参考までに僕が再分類した文法の目次を紹介します。

文法事項の中で、意味にほとんど影響を与えないものを「形式的な文法」と捉えて、単語・句・節・文のレベル毎にまとめることをしました。

そして、**意味に影響を与える文法については、どの文章に対しても常にチェックすべきものと、それ以外に二分した後に、それぞれの中で大きくグループ分けして整理**しました。

この作業の効果は思っている以上に大きく、いったん、できるようになると文法への理解が一気に深まりますし、文法全体を忘れにくくなります。

文法の全体像が常に頭の中に構築できるというのは非常に大きいですよ！

文法の全体像を整理してみよう

形式的な文法	単語レベル		品詞	名詞	
				代名詞	
				冠詞	
				形容詞	
				副詞	
				前置詞	
				動詞	
	句レベル		準動詞	不定詞	
				動名詞	
				分詞	
	節レベル		時制の調整・関係詞	時制の調整	
				関係詞	関係代名詞
					関係副詞
					関係形容詞
	文レベル		文型・文体	5文型	
				例外系(倒置・挿入・省略)	
				強調(強調構文)	
				話法	
意味的な文法	文単位	常にチェック	肯定・否定・疑問・命令・感嘆	平叙文	肯定
					否定
				疑問	
				命令	
				感嘆	
			時間(時制)	現在・過去・未来	現在
					過去
					未来
				完了	
				進行	
			能動態/受動態	能動態	
				受動態	
			直接法/仮定法	直接法	
				仮定法	
		ある場合のみチェック	比較	原級	
				比較級	
				最上級	
			助動詞	自己表現グループ	
				依頼・許可グループ	
				可能性予測グループ	
	文章単位		接続詞		

目次を自分で作ってみるイメージで!

基礎対策／文法③
文法問題集を使い分け活用する

　本編の最後は、文法の問題集の使い分けです。

　文法の問題集は穴埋めや誤り指摘のように問題形式毎にまとまっているものと、仮定法や関係代名詞のように文法事項のテーマ別にまとまっているものに大きく分けることができます。

　皆さん、気をつけてください！

　ここで何となくで決めてはいけません。目的に応じて上手に使い分けて活用することが大切です。

　その使い分け方というのは、基本的には**ランダムに出題される「力試し」か、知識を蓄積するための「知識整理」の目的で使い分けるのが良い**と思います。

　次ページをみて、自分なりに使い分けの方法を考えてみてください。

　目的に合っていないものに取り組んでしまうと不発に終わることもあります。

　頑張った人は報われるべきだというのが僕の考えなので、どうせなら、取り組んだ皆さんが結果が出せる方法でやっていきましょう！

　ここでは、「1冊をとことんやり抜くのか」「何冊にも手を出すのか」どちらが良いかを考えてみましょう。

　これは、僕も悩みましたし、現在も塾講師をしている中で、多くの生徒から同様の質問

文法問題集の使い分け

文法問題集	出版社	配列	特徴	評価
アップグレード 英文法・語法問題	CHART	分野別	システム英単語・英熟語の著者陣がまとめた徹底的な出題頻度順の整理をした効果が高い文法書。	◎
英語 頻出問題総演習	桐原書店	問題 形式順	問題形式での配列のため、他の問題集で分野別に学習し、英頻で力試しというのが、とても効果的。	◎
NextStage 英文法・語法問題	桐原書店	分野別	会話表現、発音・アクセントの部分のための CD がついており、発音・アクセント対策に特徴がある。 全体として標準的。	○
英文法 標準問題精講	旺文社	分野別	難関国公立・私大向け。旺文社の難易度 3 段階の 1 番難しいレベルに位置づけられる。	○
基礎 英文法問題精講	旺文社	分野別	私大向け。 旺文社の難易度 3 段階の 2 番目の中間のレベルに位置づけられる。	○
英文法 必修問題精講	旺文社	分野別	センター向け。 旺文社の難易度 3 段階の 1 番簡単なレベルに位置づけられる。	○

知識蓄積はアップグレード、力試しは英頻が効果的！

が寄せられます。

それほどみんな不安ですし、悩みは深いわけですよね。

この問いに対しての僕の答えは、**「色々なものに手を出そうとするのではなく、とにかく1冊を究めること」**です。

そして、究めた後に時間に余裕があるなら、2冊目に取り組んでみても良いですが、その際も、定期的に1冊目の復習もすることが大事だと思います。

なぜ、こう思ったかというと、これは自分自身を含めてさまざまな人が陥りやすい落とし穴があるからです。

学習する上で、「やったことを増やす」のではなく、「できることを増やす」のが大事であり、多くの人が「やったことを増やす」ことを意識しすぎて、「できることが増えない」落とし穴にはまり込んでいるということです。

つまり、大切なのは1冊を究めて、「できることを増やす」ことです。

特に受験は長丁場で詰め込みは効きませんから、なおさら、この視点は大切だと思います。

1冊か、複数か

色々な問題集をやる

ポイッ
とりあえず1冊やったぞ！
ポイ
ポイ
よし、これもとりあえずやった
ははは！やったぞ！チャンピオン級の問題集の量!!
実力試験にて
全然わからない〜。
確かにやったハズなのに…

1冊を究める

参考書1冊ってなかなかできるようにならないな―…
よし、がんばろ!!
3週間後
もう少しで1冊究められるぞ!!
5週間後
よし、この参考書は大丈夫！
実力試験にて
解けるぞー♪
よし、

いろいろな問題集をやるよりも、1冊を究めよう！

海外勤務・留学を乗り切るには……

Column

5分間スピーチでサバイバル

アメリカの外資系の企業に勤務をしていて仕事で英語を使う機会の多い知人に聞いた話ですが、**英語圏で海外勤務する場合でも、自分の専門分野のスキル・知識がしっかりとしていれば、英語自体は「5分間程度のスピーチ」と「TOEIC程度のリスニング力」で乗り切れる**と言い切っていました。

最初は半信半疑でしたが、どうやら本当らしいのです。ただ、実際にチャレンジしてみると、「5分間程度のスピーチ」というのは、かなりの難題です。その知人と話している際に、試しにということでやってみましたが、思った以上に言葉が出てこないものです。

この「5分間スピーチ」は、日本語でも難しいんですよね。**日本語でしっかり話せない人が英語になったとたんに人が変わったように話せるワケない**ですから、

まずは日本語のスピーチ能力をしっかりと高める必要がある、と言われました。これには深く納得しました。

日本語では、1分間に４００字というのが標準的なので、5分間で大体２０００字になります。これは文に直すと、50～70文くらいになります。ということは、英語で言うと、１０００語程度のボリュームになります。

つまり、「5分間スピーチ」をこなすため

まずは日本語

よ…よぅ…
よう、久しぶり!!

クチ下手な日本人Aくんは

ん?そんな顔してどうしたんだ?
ビク
ビク
ビク
お、俺、じ、実はに…に…日本語で話すのが…に、苦手なんだ…ハハ…

日本語はクチ下手だけど

じゃあ別に英語でいいよ
やれやれ
ホントに!?

ペラ
ペラ
ペラ
ペラ
Thank you!
Long time no see,
Hiroki !
How are you ?

英語では雄弁に語り出す!!
なんてことはありえないですよね。
まずは日本語のスピーチ能力を鍛えましょう。

日本語がクチ下手なのに英語は雄弁なヤツはいない！

には、１０００語程度の情報をまとめあげなければいけないワケです。

その知人は、**「5分間スピーチ」の達人になるためには、最初のうちは『読み原稿』をしっかりと書くことが大切**だと強調していました。まずは話すことよりハードルの低い、書くことから始めようということです。

「5分間スピーチ」は、『読み原稿』と『喋ること』の二つに分けることによって課題が明確になるそうです。喋ることよりも、１０００語ものボリュームで理路整然と物事をまとめ上げることでつまずいている人が多いことが理由のようです。

取り組むべき課題の難しさに圧倒されていたところ、最後には思いのほか、明るい言葉が聞けました。

大変なのは最初の読み原稿を用意するところだけ。それさえ乗り越えることができれば、あとは『素敵な成功体験』が待っているとのこと。確かに、自分が5分間英語をスムーズに喋っているのは想像するだけで気持ちいいですよね。

5分間スピーチの達人になる

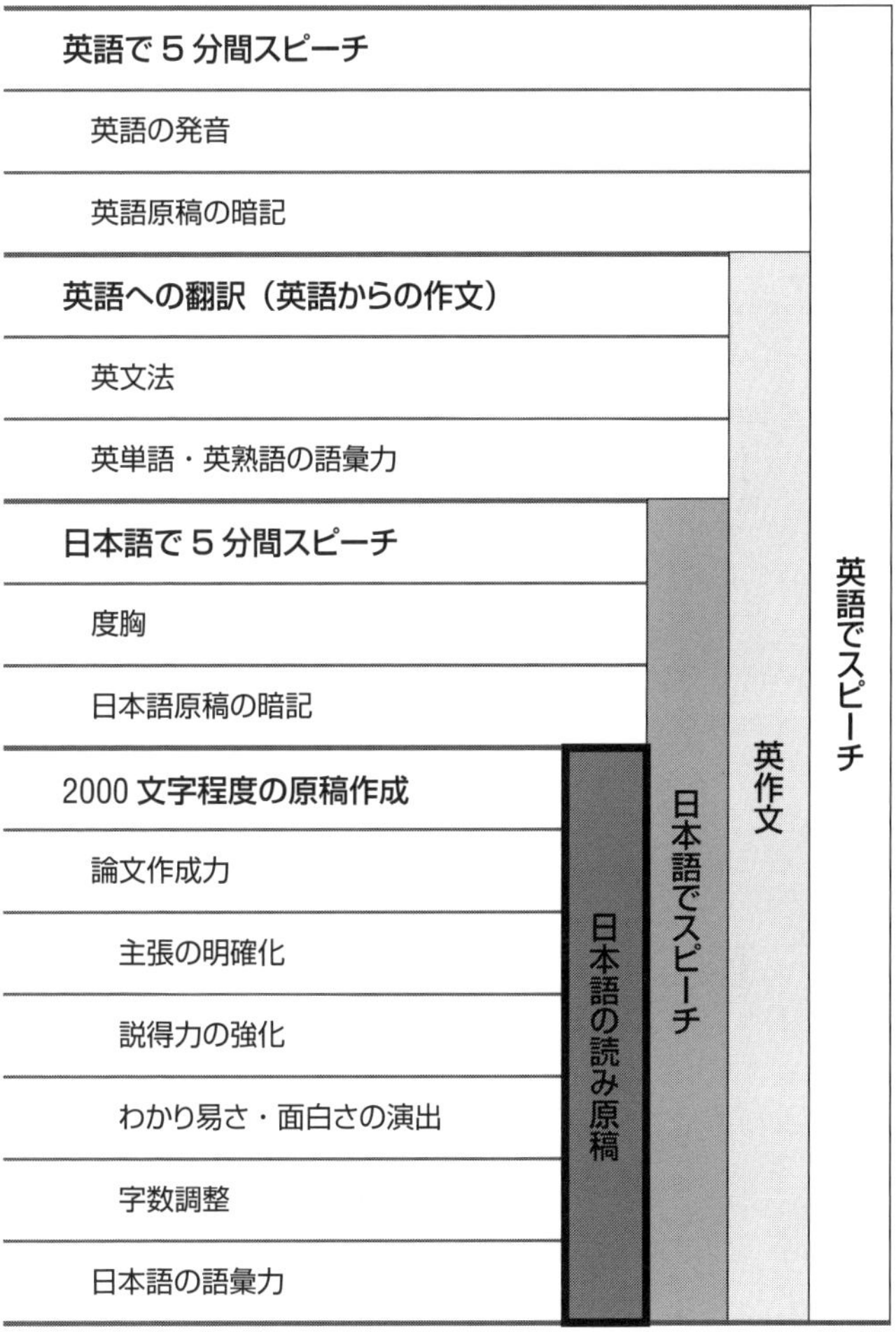
英語で5分間スピーチ
英語の発音
英語原稿の暗記
英語への翻訳（英語からの作文）
英文法
英単語・英熟語の語彙力
日本語で5分間スピーチ
度胸
日本語原稿の暗記
2000文字程度の原稿作成
論文作成力
主張の明確化
説得力の強化
わかり易さ・面白さの演出
字数調整
日本語の語彙力
日本語の読み原稿
日本語でスピーチ
英作文
英語でスピーチ

英語のスピーチの基本は日本語の読み原稿から！

ＴＯＥＩＣ程度のリスニング力

さて、外資系企業勤務の知人の話の続きですが、「５分間スピーチ」と併せて必要なのが、「ＴＯＥＩＣ程度のリスニング力」とのこと（ＴＯＥＩＣの解説はＰ２１６）。

「ＴＯＥＩＣ程度とか言われても十分難しいやんけ」と心の中で思いましたが、話を聞くと、仕事や自分に関して話している限りは、突拍子もない単語が出てくることは少ないから、「ある意味、ＴＯＥＩＣよりもラク」と言われました。自分に関連する話題なら、不明な単語が少しあるくらいなら文脈から判断つきますので、確かに何とかなる気はしますね。

ただ、念を押されたのは、やはり、ＴＯＥＩＣの問題を高い確率で聞き取れないと話にならないということでした。これは、どんなに工夫しても避けることのできない高い壁だそうです。そして、こうも言っていました。

「ＴＯＥＩＣのスコアが高いからといって話せるとは限らない。でも、**話せる人は必ずＴＯＥＩＣのスコアが高い。なぜならば、話せる人で相手の話を聞き取れない人はいないから**だ。もし、スコアが悪いけど自分は話せるといっている人がいたら、それは相手を軽視して自説を展開してるだけだ」と。

「聞くことができなければ、本当の意味で相互に意思疎通のできたコミュニケーションは成立しない」という知人の主張は、日本人同士で日本語の会話をする場合でも「傾聴」という言葉があるように、納得できるものでした。

さらに、異文化の人と英語で会話する場合

まずは聞き取る力

とあるTOEICのリスニング問題にて…
Where have you been?
わからん。
全然
試験後
まぁリスニングができなくても会話はなんとかなるっしょ
Excuse me .
Can you tell me the way to the station?
はい？
…Ah,
can you speak English?
やっぱムリだ…
すすすす

会話のためには相手の話す内容がわからなければ話になりません

TOEICでは聞けない人が会話ができるハズがない！

における「聞くこと」の重要性は比べ物にならないワケですが、一方で、日本人はリスニング力不足のせいで、悪気はないのに人の話を聞かない状態になってしまうことが多いのは残念でなりません。

相手の話を聞いていない人は嫌われますし、話についていけない人は軽視される傾向ってありますよね。そう考えると英語を実際に使う場合の「リスニング」の大切さを再認識しました。

また、知人が言うには、ＴＯＥＩＣで９００点以上を取る人でも、洋画の英語を完全に聞き取れるわけではないそうです。ただ、**仕事や留学で英語を使う場合には、話題が身近なことが多いので、ＴＯＥＩＣのリスニングが９割の４５０点位の人であれば、なんとか対応でき、相手が気を遣ってくれる場合には、ＴＯＥＩＣのリスニングが８割の４００点程度でも会話は成立する**みたいです。

ＴＯＥＩＣのリスニングは、一つの目安としてはとても有効なようですね。

TOEICを目安に

400点 フォローが必要

い、今何て言った?
ヒソ
ヒソ
えーと多分……

450点 何とかついていける

よしよし、大体こんな内容だな…

リスニング9割で何とか1人で対応できる!

第 **4** 章

「続けられる」工夫を確立しよう

生まれつきの「天才」などいない

「勉強が続けられない！」

みんなの叫びが聞こえてきそうです。

みんな、悩んでいますよね。

勉強で成果が挙がるかどうかは、元々の能力などで決まっているのではなくて、思っている以上に単純に「やったかやらなかったか」で決まるものです。

僕の周りの東大生は皆、「努力の塊」みたいな人ばかりです。

少なくとも僕は「天才」に会ったことがありませんから、誰もが自分の努力次第で東大に入れるということです。

話を戻します。もちろん勉強はやるに越したことはないですが、人は誰でもそんなに意志が強くないです。

周りに話を聞いても、東大生だって最初から頑張れていたワケではありませんし、僕も**少しずつ工夫をしながら「続けるコツ」を蓄積**してきました。

工夫や頑張りによって成長度が、極端に計算すると100倍は違います。

ですから、本書がキッカケで1人でも多くの人が「続けられる」ようになれば、こんなに嬉しいことはありません。

皆でモチベーションを上げて、頑張りましょう！

生まれた時から天才だった人はいない

こんな赤ちゃんはいない!!
た、太郎!?
近年の粉ミルクはcasein／albumin比やω3／ω6比の調整はなされてきてきているけど、やはり免疫機能の点において母乳に劣っている感は否めないね。近代哲学の祖であるデカルトの言葉をかりれば……

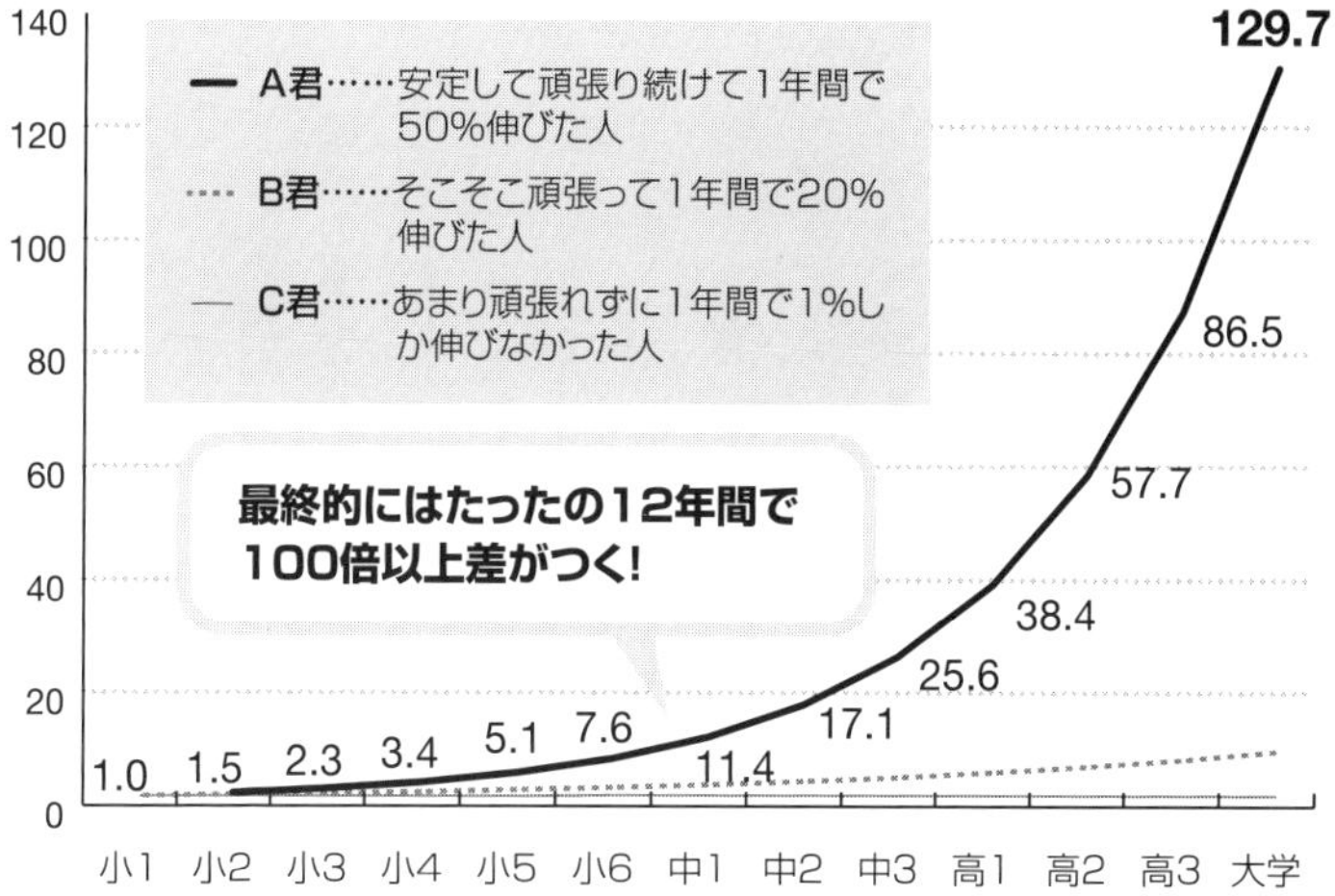
A君……安定して頑張り続けて1年間で50%伸びた人
B君……そこそこ頑張って1年間で20%伸びた人
C君……あまり頑張れずに1年間で1%しか伸びなかった人
最終的にはたったの12年間で100倍以上差がつく!
1.0
1.5
2.3
3.4
5.1
7.6
11.4
17.1
25.6
38.4
57.7
86.5
129.7
140
120
100
80
60
40
20
0
小1 小2 小3 小4 小5 小6 中1 中2 中3 高1 高2 高3 大学

努力次第で東大は入れる！

目標設定①
小さい目標を決める

僕は、目的なしで頑張り続けられる人など見たことがありませんので、勉強では目標を設定することをお勧めします。

ただ、**普通の目標ではなくて、まずは小さい目標を立てることが大切**です。

いきなり「小さい目標を立てろ！」と言われても、「コイツちっちぇー（笑）」と思うかもしれません。ですが、実は頑張り続けるためには「目標」は小さいほうが良いんです。

誤解がないように言うと、「大きい目標」を立てることは悪いことではありません。問題なのは、目標が大きいままで、その達成のために必要な小さい中間目標がない状態です。

人は**目標が大きすぎて、日々の努力の中で達成の手応えがないとほとんどの人が飽きる**傾向があります。

これは不思議なことではなく、ほとんど人間の本能といっても良いと思います。

大きい目標を掲げがちな人は、その実現のために中間段階で目安となる小さい目標を立てたほうが良いと思います。

僕の感覚で言うと、どんなに長くても2カ月より長いともう飽きが来て、ダメだと思います。

ここで、英語の中間目標を紹介します。

目標は小さいほうがいい

中間目標を立てない場合

お!!
頂上が目標だ一気に行くぜ!!
やっと麓か！まだまだ!!
なにっ まだ半分も来てないのか…？
ハァハァ
パタッ

中間目標を立てる場合

まず目標は麓にしよう！
よし目標達成！次は3合目だ！
よいしょっと
お、もう3合目かじゃあ次は5合目！
がんばるぞ〜
よし、半分まで来たぞ！あと半分頑張ろう！
5合目

最終目標は同じでも、目標の立て方次第で出来が違う！

①自分の読解スピード（語／分）の平均値を1カ月で一語以上増やす。

（理想は月に5語単位以上で向上すること）

②1秒間単語力チェックの対応単語数を1カ月で一語以上増やす。

（理想は月に100語単位以上で向上すること）

あまり、多くのものを目指しても混乱すると思いますので、いずれもスピードを意識した指標を選びました。

そして、最終目的の一つである「速読力」そのものを表す指標と、基礎力の指標である「単語数」を組み合わせてバランスを取ったつもりです。

また、「精神論的な目標」に陥らないように注意し、結果を出せる力そのものを目標とすることを意識しました。

これも、「やったこと」を目標にするのではなく、「できること」を目標にすべきだという考え方からです。

自分の力の伸びが小刻みに見えると人は、結構、頑張れます。

あくまでも案ですが、東大英語ではベストな指標だと思います。

無料チェックツール

読者の皆さんのために無料チェックツールを作成しました。

みんなで協力して英語をスマートに乗り切りましょう。

●読解スピード用サイト (http://reading-master.net/)

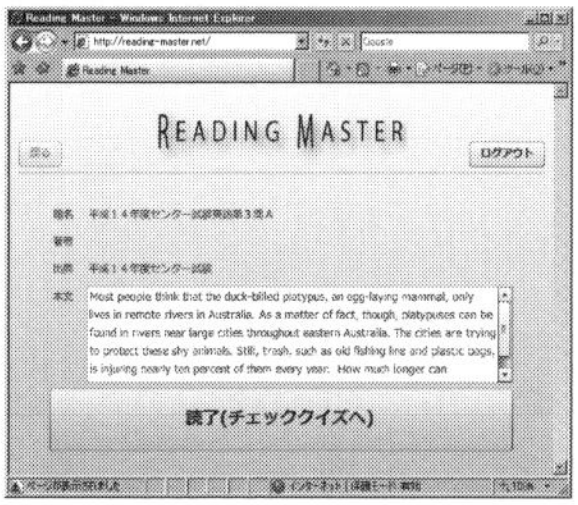

・読解スピードを簡単に測定できます。
・自分の記録を保存できます

●単語力チェックサイト (http://words-master.net/)

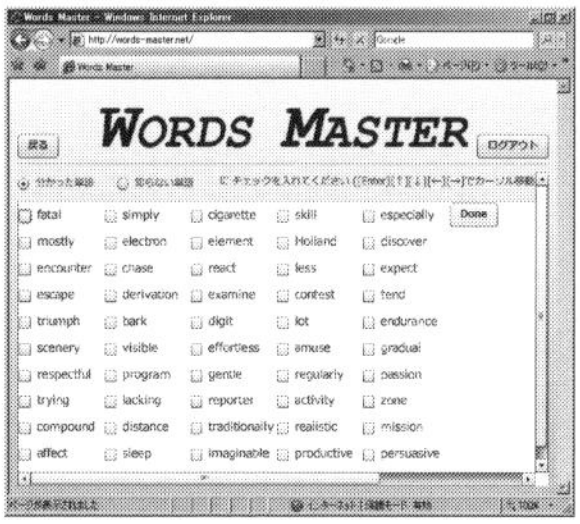

・自分の語彙力を簡単に測定できます。
・自分の記録を保存できます

ツールを使ってスマートに目標を達成しよう！

目標設定②
結果を出し続ける

ここで強調したいのは「結果を出し続ける」ことですが、これは、前テーマの「小さい目標を決める」と関係しています。

理由は簡単で、**「小さい目標を決める」と、結果が出やすくなるので、おのずと「結果を出し続ける」ことになる**のです。

また、なぜ「結果を出し続ける」ことが【目標設定】で、【実行】ではないのかと思った人がいると思います。普通に考えれば当然の疑問だと思いますが、これはワザとなんです。

言わずもがなですが、常に「結果を出し続ける」ことは普通では不可能ですから、「結果を出し続ける」についての方法をどんなに説明してもアヤシイだけです。

ですから、僕が言いたいのは、**「勝てる勝負しか挑むな！」**ということです。

「そんな卑怯な方法は武士道に生きる俺には向かねえぜっ！」と思う人もいるかもしれません。でも、**自分の設定した目標に対して挫折するというのは悲しすぎ**ますよね?

他人事のようでいて、結構この落とし穴にはまっている人が多いと思います。

っていうか、僕はそこにはまってから、落とし穴から出る気すら起こらなくなったこともあります。

なぜ、「勝てる勝負しか挑まない」というようなことをしてまで、「結果を出し続ける」

ラスボスまでの道程

はじめから高い目標に向かわず、中間目標を立てていきます。

いきなりボスはムリだからザコを倒してレベルUP!
あ、ザコ発見
ハハハレベルUP!!
パッと見動物いじめですがあくまでファンタジーです。
ガー
よし、ラスボス行くぞ!!
目標達成!!

こうして、ラスボス（最終目標）までに段階を踏むことで、目標達成がしやすくなります。

目標の立て方はゲームと同じ！

のかと思うかも知れません。

でも、誰しもが負けることとか挫折することって好きではないですよね。なのに、何で負ける必要のないところでわざわざ自ら負けに行くのかと僕は思います。

本当に妥協せずに、結果を出さなければいけないのは、受験本番だけです。

だからむしろ、**自分を勢いづけるために連戦連勝になるくらいの中間目標を立てるべき**です。

その上で、良い精神状態をクセにして、だんだんと中間目標のレベルを上げていけば良いと思います。

特に取り組み始めは、「開幕5連勝」的な演出をすることが大切です。

ただ、そうはいっても「そんなに甘い考え方で結果が出るわけない」という反論をする人もいると思います。

その反論に対しての僕の答えは、「早く始めれば問題ない」というものです。

どんなものでもそうですが、時間的な制約が厳しくなると実現性が低い目標を立てなければいけない状況に陥りやすくなります。

まずは**自分の目標に対して一刻も早く動き出すことが大切**です。

結果を出し続ける

中間目標を立てる場合

中間目標がない場合

目標への坂は急すぎると登れない！　早く始めるのが肝心！

計画立案①

実行可能な計画を立てる

ここからは、**【計画立案】**です。目標が決まった後に具体的に目標の達成方法を考えていく段階です。

「頑張ろう」という雰囲気になりがちな計画立案作業ですが、「メッチャ頑張らないとできない」計画を目指してはいけません。

むしろ、**「そこまで頑張らなくてもちゃんと実行できる」現実的な計画を立てることのほうが重要**です。

理由は、先ほどの話と同じで、「結果を出し続ける」ことが、モチベーションを維持する上でとても大切だからです。

では、どうすれば実行可能な計画になるでしょうか？

この重要なテーマに答えるためには、大きく二つのことが必要だと思います。

一つ目は、**自分を過大評価すると無茶な計画になりがちですので「自分を知ること」が大切**です。

そして、二つ目はより**具体的に行動に移せるように計画自体を「行動レベルに落とし込むこと」が大切**です。

どちらかが欠けても実行可能なものにはなりません。

この二つは、皆さんを成功に導く両輪なんです。

それでは、この大切な二つのポイントについてそれぞれ説明していきましょう。

モチベーションを維持する

達成不可能な目標を立てる場合

くそ!!
まだ勉強時間が
足りないのか!
65
今日から毎日
家で10時間
勉強するぞ!!
うおおお
とは言ったものの…
あと5時間…
うつら
うつら
学校遅刻
するわよー
Zzz

達成可能な目標を立てる場合

長文が弱い
みたいだな…
ふーむ…
65
よし、今日から
毎日長文を
2題ずつやろう!!
できる範囲でね!
一週間後
今日も
終わったぞ!
一カ月後
やったー
だいたい予定通り
終わった!!

現実的な目標を立てよう!

まずは、「自分を知ること」。

これは、「自分の胸に手を当てて本心を聞き出す」みたいなことではありませんし、ましてや「周りの人に自分について意見をもらう」ことでもありません。

具体的には、**「自分が30分単位でできることを知る」ことをオススメ**します。

普段の学習において、30分で何ができるかを常に把握しておけば、計画を立てるときに自分が無理して頑張らなくてもこなせる範囲が分かるハズです。

この情報があるかないかで計画の信頼性はまったく違うものになってきます。

また、「30分で何ができるか」と併せて、自分が「1カ月単位で何時間学習できるか」を知ることも大切です。

次に「行動レベルに落とし込むこと」ですが、これは、【基礎対策/単語⑥】で述べた疑問詞の5W2Hが大切です。

5W2Hが抜けると、「いつ?」とか、「何を?」とか、「何のために?」など、ツッコミどころ満載の計画になってしまいます。

ですから、**5W2Hで漏れをチェックすることが計画を立てる上ではとても大切**です。

計画に5W2Hは不可欠!

When（いつやるか?）について決まっていなくて……。

Why（何のためにやるか?）についても決まっていない。

それではまったく無意味な計画です。時間のムダ使いをいないよう、しっかり計画をたてましょう。

ツッコミどころ満載の計画にならないように!

計画立案②
「ノルマ化」する

次に大切なのは「ノルマ化」することです。

ノルマというと、何か嫌なイメージを持つ人は少なくないと思います。僕の場合だと、TVドラマで営業マンがノルマを達成できずに怒られているイメージがあります。

でも、本当に**「勉強を続けられる人」になりたいんだったら、「ノルマ化」は必ずしなければいけない**と思います。

「さっきは、勝てる勝負しか挑むなとか言ったのに、何で急に厳しくなってんねん!」と感じる人もいるかもしれませんが、ここだけは譲れません。

なぜなら、「人は弱い生き物」だからです。

もう少し言うと、人は**定期的に取り組むべきものがないと、どんどん楽な方向に流れる生き物**だからです。

夏休みを想像してください。

みんな、普段は朝もしっかり起きて、学校に定時に通って規則正しい生活を送れているじゃないですか。

でも、夏休みになった途端、1週間もすれば、大部分の人が「ダメ男」か「ダメ子」になってしまいますよね。

これって、自分がダメだからではないんです。生まれたときからみんな同じようにできているんです。

では次に、「ノルマ化」する上で大切なことを三つ紹介したいと思います。

人は弱い生き物です

学校あり

ヤベー
そろそろ
起きないと…

夏休み

う〜ん…
まだ10時か…
もうひと眠り…
ムニャ…

ノルマがないと人はだらけます……！

①人に宣言してご褒美を決める
②ノルマが戦略であることを知る
③ノルマは一定期間で見直す

一つ目は、これは「ノルマ」を機能させる上で、シンプルかつ有効です。

誰もが宣言したことを達成できないと「カッコ悪い」と思うじゃないですか。その気持ちを利用するんです。

相手は親でも恋人でもいいので、自分の成功を心から喜んでくれる人にすることをお勧めします。

きっと応援してくれますよ♪

次に二つ目。これは思った以上に大切です。

良くも悪くもノルマは時間の使い方を一定割合で固定化することにつながります。

そして、**受験においては時間配分が一番の戦略的なポイントになりますので、当然「ノルマ」＝「戦略」になる**んです。

これは常に意識すべきです。

最後に三つ目ですが、ノルマは短い場合は1カ月、長くても3カ月で見直しをするべきです。

最終的な成功を確実にするためには、ここでの改善の積み重ねが非常に大切な要素になってきます。

学習継続のためのノルマ化はこうやる

母さん、俺、
毎日数学の問題集
2ページやるよ！
もし一章終わったら
お寿司連れていってね
はいはい、
頑張ってねー

① 人に宣言してご褒美を決める

う
……とは言った
ものの、なかなか
キツイ……。でも、宣言
したし、何よりお寿司が
食べたい！

② ノルマ化は戦略である

一週間後
よく頑張ったわね！
この調子でね
お寿司
最高!!

このペースだと
少し遅いから、一日
3ページにしよう
かな

③ ノルマは定期的に見直す

長くても3カ月で見直そう！

実行①
「楽しく」やる

さて、いよいよ実行です。

ここまでお膳立てできれば、結構それなりに続くと思いますよ。

まぁ、気持ちを緩めずに【実行】もしっかりとこなしていきましょう！

さて、【実行】でまず強調したいのは、「楽しくする」ということです。

「なんや、そんな単純なことか」と思った人もいると思います。

でも、今までを振り返ってください。

続いていることって、みんな楽しいことばかりじゃないですか？

「でも、勉強楽しくとかムリやろ」とツッコまれそうですね。

しかし、ここが工夫のしどころです。

実際には、人それぞれ笑いのツボならぬ、楽しさを感じるツボが違うと思うので限界があるのは承知の上なのですが、**英語の場合は他の科目と違って「言語」なので、学習する教材をある程度自由に選べる**んです。

ここを利用するのが楽しくすることの最大のポイントです。

いくつか具体例を挙げようと思いますが、その前に自分が現在一番楽しめるものを思い浮かべてください。

なければ、興味があるものでも構いません。まずはそれが出発点です。

自分にとって楽しい方法で英語を勉強しよう

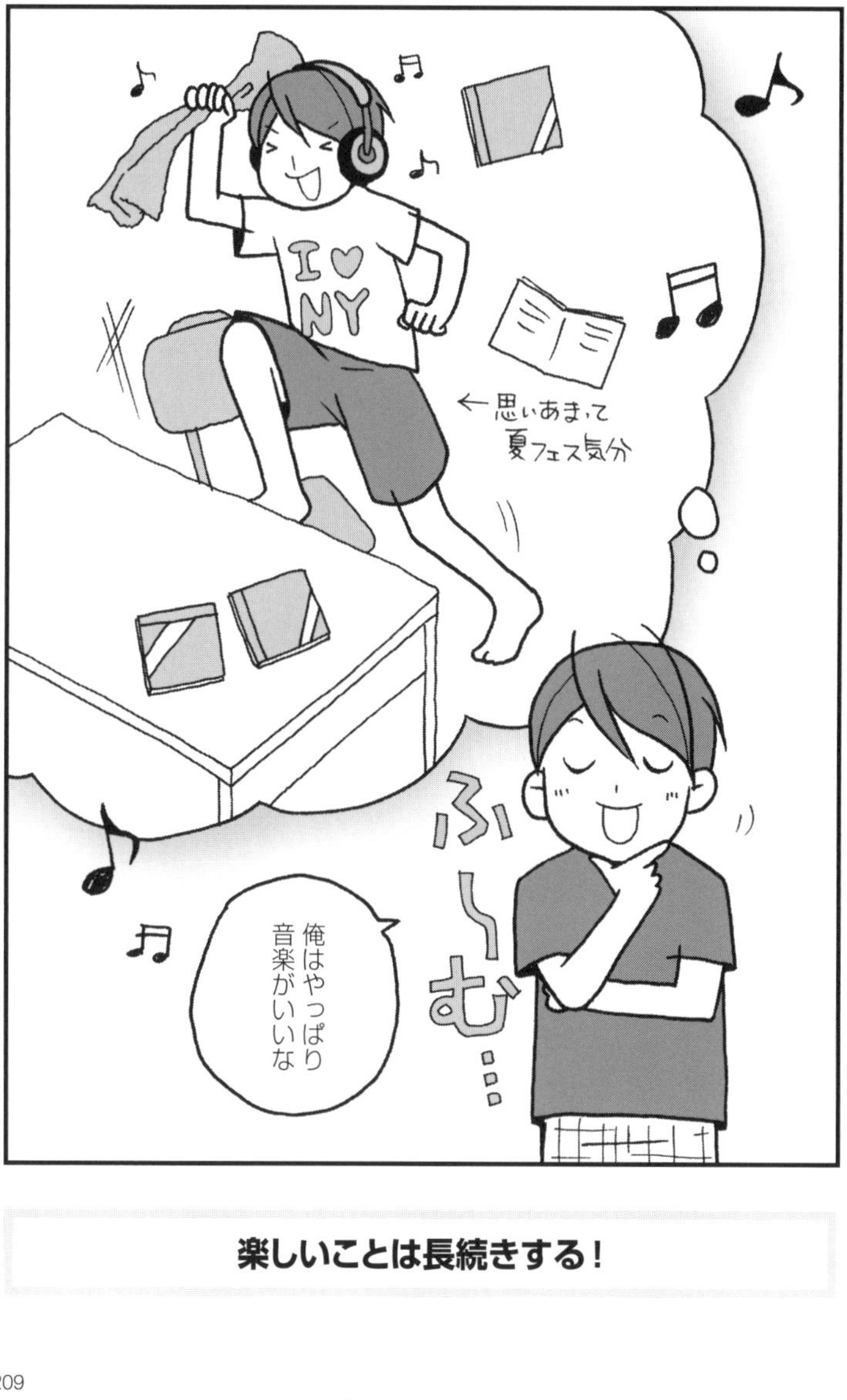
I ♥ NY
← 思いあまって
夏フェス気分
ふ～む…
俺はやっぱり音楽がいいな

楽しいことは長続きする！

一番楽しいものは見つかりましたか?

まずは、その内容についての英語の情報を探してみるというのは誰もができる具体的な方法だと思います。

例えば、オススメなのが、洋楽です。

洋楽の歌詞は立派な文章ですし、しかも、ストーリーなどが構成されているぶん、他の文章より覚えやすいです。

さらに、当たり前ですが音声が流れます。

他にも、**自分の好みの曲であれば復習の心理的な障壁もかなり下がる**でしょう。

アルバム10枚くらいの曲すべての歌詞を暗記することができれば、英語力は飛躍的に伸びると思います。

また、併せて**お勧めしたいのが、洋楽をカラオケでカッコよく歌うこと**です。

カッコよくというのは、いわば「本物の英語らしく」という意味です。

【スピード対策/聞く③】で述べたように、英語は発音記号どおり発音されません。

ですから、ネイティブの発音に慣れるのに洋楽は最適なんです。

楽しくない状況で学習を続けても、学習効果が上がらないことは脳科学でも明らかになっているようです。

自分の楽しさのツボを見つけて、工夫しましょう。

アヴリル・ラヴィーンがオススメ

聞き取りやすさと馴染みやすさなら、カーペンターズはダントツです。

あと、僕はあまり聴きませんが、中高時代僕がライバル視していた、英語が得意な友人は、僕にビートルズを(メッチャ)勧めてきました。

ただ、僕的にはアヴリル・ラヴィーン(Avril Lavigne)が一押しです!
ボキャブラリーは簡単なのに、速く、しかも、リエゾン(音同士がつながること)も満載なので、リスニングの練習にはバッチリです。

洋楽で英語力は伸びる!

実行②
壁を回避する

ここまで、「学習を続ける」ためのさまざまなことを紹介してきましたが、いざ、実行となると、いろいろな壁にぶつかると思います。

先ほど、「楽しく」やるための説明をしましたが、一つの壁としては、「勉強よりも楽しいもの」の存在があるでしょう。

こういった状況を打開する上で、皆さんにお勧めしたいのは、「行動科学」という分野のノウハウです。

次ページに紹介する**行動科学マネジメントを実践している石田淳氏の著作を読むとよくわかる**のですが、ここでも考え方を紹介してみたいと思います。

「行動科学」は、文字通り、人の行動に着目する考え方です。

「英語を勉強する」というターゲット行動の実行を邪魔する「ゲームをする」や「テレビを観る」などのライバル行動を特定して、**ターゲット行動を増やし、ライバル行動を減らす具体的な対策を打つ**んです。

受験生の場合、合格するまで、「ゲームを母の実家に送る」とか、「テレビを自分の部屋に置かない」などを実行します。

つまりは、勉強するための環境を整えるということです。

簡単ですが、効果抜群です。

また、英語に特化してもう少し、「壁を避

ライバル行動を排除する

●『「続ける」技術』(フォレスト出版)
石田 淳 著
意志が弱く、なかなか続けられない人必読です。
具体的な物事を続ける方法が、行動に着目して、徹底的に科学することでまとめられています。

勉強するための環境を整える!

ける」方法を紹介していきたいと思います。

　単純に言ってしまうと、「英語で新しいことを勉強するな！」ということです。

　別の言い方をすると、「日本語でもわからないものは英語で読んでもわかるわけがない」ということです。

　ですから、英語の勉強をしていて日本語訳を読んでもわからないような教材や、日本語訳を見てもわからない単語が多く出てきているようなことがあったら要注意。その際は、速やかに教材をもっと簡単なものに変更すべきです。

　知っていることを英語で読むとそれなりに読めますが、まったく初めてのことを英語で読むと本当にわけがわからない状態になります。

　想像するとわかりますよね。

「内容がわからない」のと「英語がわからない」の二重苦の状態です。

　英語学習を進める上で「壁を避ける」ことを考えたときに、これは致命的です。

　英語を学ぶときは、**力が付くまでは自分の知っていることを英語で復習するくらいのイメージを持って勉強したほうが効率が上がる**ことが多いです。

日本語と英語の二重苦

general theory
of relativity
アインシュタインの
相対性理論か。難しいな
う〜ん
?

一般相対性理論について英文で本を読んでも……。

マニアックな
単語ばっかり!!
意味わからん!!
ぬぉおぉ
おぉ

わかるワケありません。

と…とりあえず
日本語で
読んでみよう!
えーと…

……
石化。

そもそも日本語ですら難しいです。こういった内容は避け、知っているような内容を選びましょう。

英語で新しいことを勉強するな!

TOEIC①
東大英語のスピードで乗り切れる

何度も強調してきた**東大英語のスピード対策は、なんとTOEICにも有効**なんです。

理由はTOEICもスピード重視のテストだからです。

もし、皆さんが本書のスピード対策を身に付けることができれば、TOEICで時間不足に悩むことはないでしょう。

これは、多くの人がTOEICのスコアが伸び悩んでいることを考えると、非常にオイシイ話です。

「受験対策をしただけなのに、TOEICまで対応できてしまう！」と言うと信じてくれない人もいるかもしれませんが、これはウソじゃないです。

ただ、勘違いしてはいけないのは、あくまでもその恩恵を享受できるのは本書で紹介したようなスピード対策をした人だということです。

単に単語を覚えただけとか、難しい構文の読解を中心に一生懸命やったとか、英作文対策に特化してかなりやりこんだ人は、受験では成果が出るかもしれませんが、TOEICではそのままでは厳しいんです。

ですから、本書をここまで読んでくださった皆さんはラッキーなんです！

なぜ、普通の受験対策ではTOEICに通用しないか？　それは、TOEICは「コミュニケーション能力を測るテスト」である

TOEICもスピード重視

国際コミュニケーション英語能力テスト

10〜999点まで
5点刻みのスコアで評価
年間延べ160万人以上が受ける

リスニングセクション（45分間・100問） 会話やナレーションを聞いて設問に解答	
Part 1	**写真描写問題　10問** 1枚の写真について4つの短い説明文を1度だけ放送。 的確に描写されているものを選択。
Part 2	**応答問題　30問** 1つの質問または文章とそれに対する3つの答えをそれぞれ1度だけ放送。 最もふさわしい答えを選択。
Part 3	**会話問題　30問** 2人の人物の会話を1度だけ放送。問題用紙の設問と解答を 読み、4つの答えの中から最も適当なものを選択。
Part 4	**説明文問題　30問** アナウンスやナレーションなどが1度だけ放送。 問題用紙の設問と解答を読み、4つの答えの中から最も適当なものを選択。
リーディングセクション（75分間・100問） 印刷された問題を読んで設問に解答	
Part 5	**短文穴埋め問題　40問** 不完全な文章を完成させるために、4つの答えの中から最も適切なものを 選択。
Part 6	**長文穴埋め問題　12問** 不完全な文章を完成させるために、4つの答えの中から最も適切なものを 選択。
Part 7	**読解問題　48問（1つの文章：28問、2つの文章：20問）** 設問を読み、4つの答えから最も適当なものを選択。

TOEICは英語のコミュニケーション能力を測るテスト！

のに対し、通常の入試問題は「コミュニケーション能力を測るテスト」ではないからです。

一方で、東大英語は「読む・書く・聞く」がバランス良く入っていますし、「話す」はないですが、要求されるスピードは「話す」ときと同等の難しさなんです。

また、内容もあくまでも標準的ですので、他の難関大の入試問題と比べても、東大英語の入試問題は、「コミュニケーション能力を測るテスト」に近いんです。

それだけ実戦的なんでしょう。

ですから、どんな学習法をとったとしても結果として東大英語で高得点を取れた人はTOEICへの対応力は高い可能性が高いと思います。

ただもちろん、東大合格者の中でも、英語が得点源でなかった人や、リスニング対策を軽視していた人は別ですが……。

あと、TOEICは特に「ビジネスでのコミュニケーション能力」を測るテストですから、東大英語の高得点者層といえども、対象分野の語彙を覚える対策だけは事前にある程度したほうが良いと思います。

そうすれば、ほぼバッチリでしょう。

「東大入試」と「TOEIC試験」

東大入学試験

番号	1A	1B	2A	2B	3A	3B	3C	4A	4B	5	時間
分類	要約問題	段落整序など	自由英作文 課題指定		リスニング			文法・語法	和訳問題	読解総合問題	
種類	読解		英作文		リスニング			文法	読解		120分

↑ TOEICには英作がないだけ

時間に対して
量が多いのも同じ

TOEIC試験

番号	Part1	Part2	Part3	Part4	Part5	Part6	Part7	時間
分類	写真描写問題	応用問題	会話問題	説明文問題	短文穴埋め問題	長文穴埋め問題	読解問題	
種類	リスニング				文法		読解	120分

時間は同じ

東大入試とTOEICは結構似てます！

TOEIC②

具体的なTOEIC対策はコレ!

もう少し、どのように対処していけば良いかを説明したいと思いますが、TOEICは「リスニング」と「リーディング」の2つのセクションに分かれていますので、それぞれお話します。

まずは「リスニング」ですが、**基本的には【スピード対策/聞く】の3つをそのまま実行すれば良い**と思います。

ただ、扱われるボキャブラリーが異なるのと、最近のTOEICはアメリカ英語だけでなく、イギリス、オーストラリアなどさまざまな英語への対応力を求められますので、教材選びに工夫が必要です。

音声教材で僕がオススメなのは『茅ヶ崎方式 月刊英語教本』です。理由は次の四つです。

①月刊なのでノルマ化しやすい
②取り扱っているテーマが旬である
③最後に理解度確認問題がある
④訳・語彙説明があり、辞書要らず

ある程度のレベルに達したあとは、ネイティブ向けのコンテンツがすべて教材化しますので、そうなれば、楽しんだ者勝ちでしょう。

本でも映画でもテレビでも何でも学習教材になるはずです。

オススメ音声教材

「茅ヶ崎方式　月刊英語教本」
（茅ヶ崎出版）
旬の話題を月刊でニュース風にまとめてある教材。テキストとCDが別売りになっています。

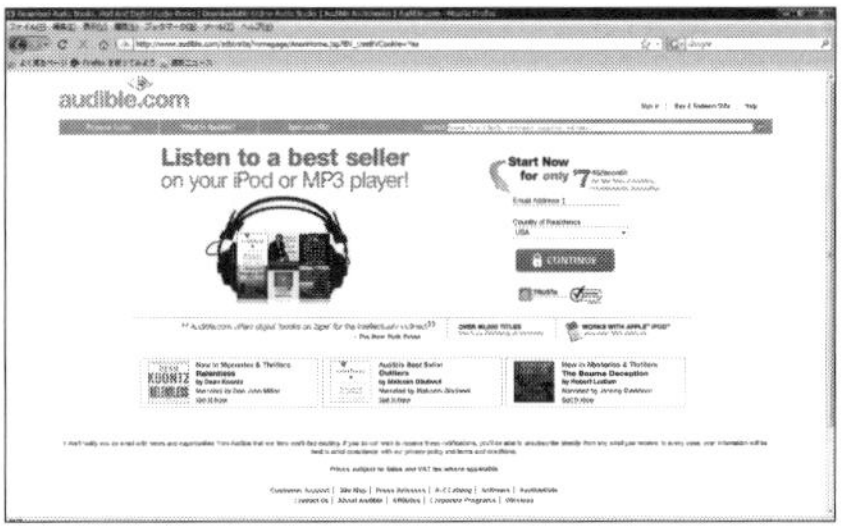

[Audible.com]
最近流行のオーディオブックのサイト。iPodやMP3対応機種だと、簡単にダウンロードできて便利です。

何でも学習教材になる！

最近ですと、皆さんご存知のＰｏｄｃａｓｔやアマゾンの音声読み上げ機能付きの電子ブックが気になりますね。

一方、「リーディング」は、文法対策と読解対策が必要です。

ＴＯＥＩＣの文法問題は正統派です。

ですから、ＴＯＥＩＣの文法対策は、受験の延長線上で「純粋文法」を中心に対策していけば高得点をゲットできます。

一方、**読解はとにかく「雑読」**です。

東大英語の**【５の読解総合問題】**に近いといえば近いのですが、とにかく、関係のある情報を素早く拾い読むことが重要です。

「精読」はほとんど必要ありません。

究極のスピードレースです。

この部分こそ、東大英語のスピード対策が真骨頂を発揮します。

あと、**問題を解く順番は、後ろの読解から取り組むことをオススメ**します。

読解は確実に得点源になり、文法問題はいくら考えてもわからないものはわからないからです。

また、ＴＯＥＩＣの問題を解いて形式を押さえておかないと、力があっても点数につながらないことがあります。

最後に、学生の想像以上にＴＯＥＩＣは就職・転職・出世で重要のようです。

ですから、どうせなら受験の延長線上でＴＯＥＩＣに対応できるようにスマートに勉強しましょう！

TOEICはさまざまなところで活用されています

TOEICのスコアの活用方法（複数回答）

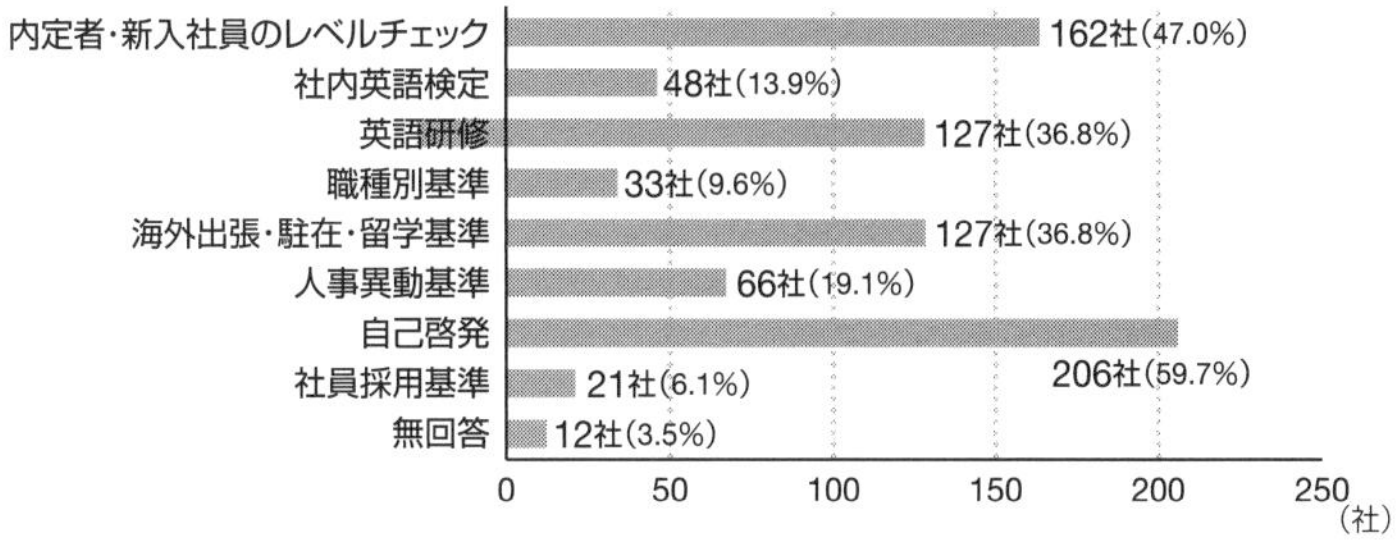
内定者・新入社員のレベルチェック
162社（47.0%）
社内英語検定
48社（13.9%）
英語研修
127社（36.8%）
職種別基準
33社（9.6%）
海外出張・駐在・留学基準
127社（36.8%）
人事異動基準
66社（19.1%）
自己啓発
206社（59.7%）
社員採用基準
21社（6.1%）
無回答
12社（3.5%）
0
50
100
150
200
250
（社）

TOEICのスコアを配属の際に参考にしているか

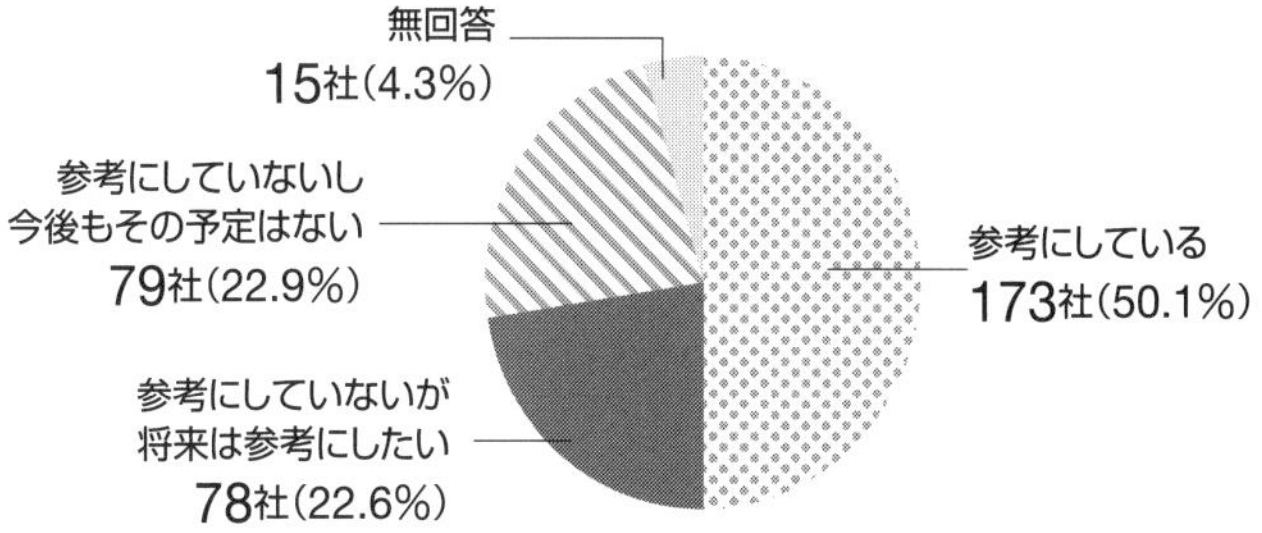
無回答
15社（4.3%）
参考にしていないし
今後もその予定はない
79社（22.9%）
参考にしている
173社（50.1%）
参考にしていないが
将来は参考にしたい
78社（22.6%）

TOEICのスコアを昇進・昇格の参考にしているか

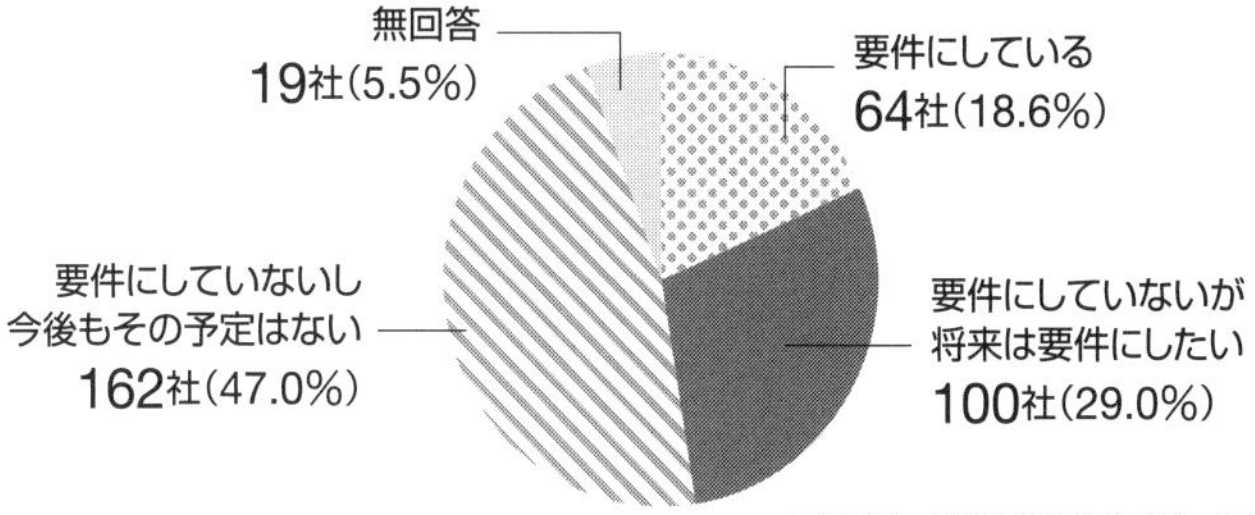
無回答
19社（5.5%）
要件にしている
64社（18.6%）
要件にしていないし
今後もその予定はない
162社（47.0%）
要件にしていないが
将来は要件にしたい
100社（29.0%）

上記のデータはTOEICの公式データから引用

TOEICは想像以上に重要！

1年間・東大合格プロジェクト

1年間・東大合格プロジェクト

本プロジェクトは、東大合格を1年間で目指すためのモデルを紹介するものです。内容は僕自身の経験に基づきつつも、塾での指導経験で学んだことも併せ、誰もが実践可能で結果が出せる内容にしています。

今までに説明してきた学習のコツを具体的な学習場面で表現することによって、皆さんが本書の内容をより身近なものに感じ、結果として本書の理解がより一層深まることを期待しています。

プロローグ

A君は、地方の私立高校に在籍する2年生。英語が好きだが、数学が苦手な理系の生徒だ。3学期も終盤に差し掛かろうとしている3月の初旬、まだ中学から続けているテニス部の活動をしており[1]、自分が受験生だということを日々の生活

1 東大生でも、高3の春まで部活をがっつりやっていた人は少なくない。

よし、今日も部活頑張るぞ！

の中で実感しないまま、すっかり暖かくなってきた日々をのんびりと過ごしていた。

志望校決定

志望校を東大に決める

受験を強く意識したのは、学校で行われた「志望校調査」がきっかけだった。それまでは、他人事と思っていた受験が、「志望校」という言葉を出されたことで、急に自分の目の前に現れたように感じた。

「志望校調査」でいろいろと考えた挙句、最終的には「東京大学　理科Ⅰ類[2]」と答えた。理由は**「日本で一番の学校に入りたい」と強く自分が思ったこと**が大きかったからだった。

「一番になりたいから東大」というのは、普段あまり口にはしないが、実は東大生の口から出る志望動機としては最も多いものだ。

ただA君の場合は、自分の気持ち以外にも、「担任の先生や家族に相談して励

2 一部では「東京男子短期大学」と呼ばれている。その理由は、2年間、駒場キャンパスにいる間の周りの女子の少なさにある。

まされたこと」が目指す勇気を与えてくれた。「高一のときに学校で東大を訪問して憧れたこと」が東大を身近に感じさせるきっかけになった。[3] これが、最終的に志望校を決める過程で大きく影響を与えたのだった。

家族や友達に対して東京大学を目指す[4]**と宣言**してからは、周りの応援と「口に出したからにはやらなきゃいけない」という良い意味でのプレッシャーを感じるようになり、それまでの自分とは違って、勉強に対して前向きに取り組めるようになった。

こうして「志望校調査」を機に今までは憧れにすぎなかった東大が、自分自身が目指すべき志望校へと明確に変わった。

学習開始

■基本的な情報を集める

「志望校を決めること」が、受験生の自覚がほとんどなかったA君にとって大きな転機になった。

---

3 これは僕自身のことで、「ムリなんだろうなぁ……」と思いつつも漠然と憧れていた。

4 開成高校では学年で120番でも東大を目指して受かるらしい。

3年生になって早速、情報収集を始めてみたが、その中で、東大用の受験戦略本や過去問の問題集などを入手して、基本的な情報を集めていった。[5]

一番役に立ったのは、過去問の問題集だった。いわゆる赤本である。

違う問題形式の模試で良い判定が出ても落ちることが多いと聞いたことがあり、**あくまでも過去問で合格最低点以上を取れるかを基準に力を測るべき**だと思っていたからだった。また、その他の受験戦略本は、参考書選びの情報として重宝した。自分が使っている参考書よりも効果的な参考書を知らないことは大きなリスクになる。参考書は一通りチェックすることが習慣化した。

現実的な目標を定める

情報収集が一段落ついた段階で、入学試験の配点に基づいて具体的に目標点を決めることにした。このタイミングで**科目別の目標点を明確に決めた**ことが、その後の学習効率を大幅に高めることに寄与した。

合格最低点[6]を初めて調べたときは二次試験が5割そこそこで受かることを知り、こんなレベルで良いのかと安心したが、過去問を1年分解いてみて、そういった甘い考えは吹き飛んだ。

案の定、点数はどの教科も厳しい点数となり、本当に自分は東大に受かるのか

---

5 入試というのは情報戦略がモノをいう。典型的な例が、前述の自由英作文の減点法という採点方式。情報というのは知らないだけで命取りになる！

6 理科Ⅲ類が合格最低点数がダントツに高いが、理Ⅰなど他の科類で理Ⅲの合格最低点を突破する者も多い。

と自信喪失気味になったが、試験はあくまでも1年後と思い直し、すぐに立ち直った。結果として、東大のレベルの高さを実感する良い機会となった。**過去問に取り組んだ結果、攻略すべき問題のレベルや問題の形式、時間の制限の厳しさなどを把握できた**ので、具体的には理科Ⅰ類のここ数年の合格最低点と、数学が苦手であることを踏まえて、次のような目標点を立てた。

	目標点	満点
英語	80点	120点
数学	40点	120点
国語	40点	80点
理科	60点	120点
合計	220点	440点

比較的好きな英語は、合格者の声や受験戦略本などを参考にして努力で届く範囲の80点に設定した。数学は苦手なので40点にしたが、最悪の場合は20点でも理科でカバーするつもりで覚悟を決めた。国語は安定的に点が取りにくい教科なので、半分の40点に留めた。理科は物理・化学を選択したので、しっかりと対策す

れば80点や１００点以上も狙える教科と言われていたが、控え目に60点に設定した。

　また、併せてセンター試験の過去問も1年分解いてみて、問題のレベルの感触をつかんだ結果、現実的な目標として９００点満点中８００点を目標とした。[7]

　これらの目標は、実は合格ギリギリのラインだ。しかし、無理に高い目標を掲げるよりも、**現実性の高い目標を掲げたほうが実現可能性が増し、結果的にモチベーションが維持されやすい**のだ。また、早期に達成すれば、単純に高い目標に引き上げれば良い。Ａ君は最終的には自信を持って目標を決めた。

計画立案と立ち上げの焦り

　目標が決まり、センター試験や東大の過去問に取り組んだことで自分のレベルもある程度は把握できた。計画を立てることにしたが、定期テストなどと違い、受験は範囲が膨大[8]なので、最初はどうすれば良いかがわからなかった。特に、「何をどれだけこなしていけば目標点に達するか」が、なかなかイメージできなかった。

　そこで、最初は学校のカリキュラムを軸にしながら、その上で受験戦略本によって紹介されている参考書を何冊か試してみることにした。志望校を決めてモ

7
センターの圧縮率が高いからと言って、センターを甘く見る受験生がたまに見受けられるが、地味に点差がつけられるところでもある。

8
高3のはじめごろ、僕は高校の学習範囲が全部できるようになる気がしなかった。定期テストでさえ怪しいのに。でも受験後に振り返ると、1年間勉強すれば何とかなるもんだと実感した。

社会
うへ〜〜
何からやったらいいんだか…
ど〜ん
英語
リスニング
文法
単語
理科
物理
化学
数学
ⅠA　ⅡB　ⅢC
国語
現代文
古文
漢文

チベーションはかなり上がっていたので、計画では数多くの参考書を数カ月の間で一気にこなすことを決めて学習をスタートさせた。

　ただ、実際にスタートしてみるとこの時期は学校のイベントがあったり、部活の練習があったりで、なかなか時間が取れなかった。また、開始した学習でも基礎的な事項の定着状況が甘かったことから、やれどもやれども空回りしているような状態だった。

　イライラは頂点に達しつつあった。「本当にこんなので大丈夫か？」と何度も自問したが、一向に解決の糸口はつかめなかった。

　あまりにも思ったように時間が取れなかったので、通学時間や夜寝る前などのすきま時間を使って、とにかく英語をリスニングすることに取り組んでいた。

　その際には、**Ｔａｌｋ　ＭａｓｔｅｒⅡを使ってラジオを倍速で聞いたり、倍速音声変換ソフトを使って単語帳のＤＵＯ３・０の音声教材を倍速で**聞いたりしながら、リスニング対策と単語・イディオムの増強に地道に取り組んでいた。

　このときは余裕がない中での創意工夫だったのが、結果としてこの倍速リスニングによるリスニング練習と単語・イディオムの復習時間の蓄積が後になってジワジワと効いてくるのだった。

GWから夏前

そして転機がやってきた

ゴールデンウィークが終わるころには、一通りの主要行事が終わり、ようやくまとまった時間が取れるようになってきた。

しかし、時間不足の問題は解消されてきたものの、努力が空回りするような感覚からはなかなか抜け出すことができず、成長を実感できないまま時間だけが過ぎていっていた。

そして、計画立案から2カ月経って改めて実績を比べてみると、当初決めた分量の半分もこなすことができていなかった。[9] しかし、自分としては頑張っていたし、ある程度の量をこなしていた自負はあった。にもかかわらず、計画の達成率が低かったので、気分的には良いどころか最悪だったのだ。

よくよく考えてみると、自分の学習可能量をあまり把握していない状態で勢いだけで計画を立てたことがすべての原因だった。ただ、一方で、このような無茶な計画を立てたからこそ、それなりの量をこなせたとも言える。どっちつかずの

---

9 計画や予定は狂って当然。焦らないで見直すことが肝心。

評価ではあるが、A君は気分を重視した。やはり**モチベーションを維持する仕組みが大切**だからだ。

そこで、今までの**学習時間と教材ごとの進捗状況を詳しく分析**して、自分の学習の効率を分析してみた。そうすると、教材は短いものだと1カ月、長いものでも3カ月程度でこなせることがわかり、さらには、教材ごとに大体どのくらい時間をかければできるかを予測することができるようになっていた。

また、ここ数カ月の学習の中で、春休みがあったり、学内テストがあったりしたので、いろいろなスケジュールのパターンの中で、健康的な生活を維持した状態で「自分がこれから受験までの間にどれくらいの時間をかけて学習ができるのか」が見えてきた。結果として、A君の一つの**無茶な計画の失敗経験**[10]**が、学習計画の信頼性を飛躍的に上げることにつながった**のだ。

また、今回の失敗経験を生かし、計画を常に意識しなくても済むようにするために、1カ月単位で問題集・参考書ごとのノルマを決めて、それを学習日で割り算をして、さらに**調子に乗れるように余裕のある日々のノルマ**を決めた[11]。

そして、**問題集・参考書をやりきるまでは、その日々のノルマを守ることだけに意識を集中**した。この効果は思った以上に大きく、学習する過程の中で、襲い掛かってくる「これで本当に十分なのか?」「他に良い教材があるんじゃないの

10 失敗は成功のもと。失敗したときにうまく対処することで状況は飛躍的に良くなる。

11 受験勉強におけるノルマの威力はハンパない。これはぜひ自分で確かめてほしい。

か？」という不安にとらわれることがかなり減った。感情の揺れが激しい受験生にとっては非常に大きい改善となった。

成長を実感できる仕組みをつくる

学習開始の初期の大きな失敗で、計画の質は飛躍的に上がった。しかし、学習を続ける中での手応えは、いまだ十分なものが得られない状況が続いていた。「量は質に転化」するというが、ただ漠然と量をこなしているだけでは、スピーディーな成長を実現することはなかなかできない。[12]

そこで、A君は原点に立ち戻り、自分の目標点を再確認し、さらにここ数カ月の成果によって、自分の学習内容を東大合格のために合わせて改善することを考えた。その中で特に注目したのは、「英語の80点をいかに実現するか」であった。そのためには、東大英語の膨大な英文をいかに速い「スピード」で読みこなし、併せて求められる「論理性」のレベルをどう上げるかがカギとなる。

さらに、**「成長を実感できないのは力を測る方法がないことが理由」**ではないかと考え、自分の読解の「スピード」と「論理性」を測る方法を考えた。最初はいろいろと試行錯誤したが、この時期に苦労したおかげで、彼は結果として、**「一分間当たりに読める単語数」で自分の「スピード」を測る**ことと、精読時に積極

12 常に目的意識を持つと、無駄な勉強が減らしやすくなる。

的に要約を取り入れることによって、その**「要約の質」で自分の論理性を測るよ**うになった。

量をこなす前の土台づくり

彼の空回り感はターゲットとなる指標を設定することで、大幅に改善した。しかし、伸びている実感は得られるようになってきたものの、まだまだ伸びが甘いと感じることが多かった。受験勉強を本格的に開始してから、それほど長い時間がたったわけではないので、まだまだ基礎が盤石ではなかったのだ。

自分が伸び悩んでいる理由が基礎不足だと気づいたのは、読解や英作の演習の間違いの傾向を分析していたときだった。単純な話だ、**なぜ間違えたかを集計したのだ。**

読解・英作など分けずに単純な集計をすると、次のような結果になった。

暗記ミス・漏れ・理解不足
熟語
無知による訳し間違い
前置詞ミス

単語
意味
語法
スペルミス
文法事項
冠詞
助動詞
その他事項
論理構造の誤解・解読不能

そこで、A君は自分が間違えたものの中で、**使用頻度が高い割に、数が限られていて比較的素早く攻略できそうな文法事項の対策を徹底的に行う**ために、参考書の中の対象部分を学習して、かなりメリハリをつけて基礎項目の学習を進めた。

文法書の項目を前から順番にこなしていくのではなく、自分が間違えたものを中心にして、かつ、報われ易いものから順番に取り組んだのが、短期間での土台整備につながった。

一方、数が多すぎて報われにくい単語と熟語[13]については、春先から続けている倍速リスニングを地道に続けて焦らず取り組むことにした。

そして、この時期にA君が積極的に取り組んだことがもう1つあった。それは「論理性対策」だった。

「論理性」というのは受験の世界では出口汪氏、学術の世界では野矢茂樹氏などが積極的に重要性を訴えかけているが、まだまだ受験においては幅広く認知されているわけではなかった。しかし、東大入試においては英語だけでなく国語でも高いレベルの論理性が求められている。だから、**「論理性」に強くなれば東大受験においてはかなり有利**になるのだ。

英語のロジカル・リーディングの参考書、野矢茂樹氏の著作を参考にしながら、**客観性の高い「論理的読解法」**を試行錯誤の中で身につけることができた。

---

13 前述の東大生の8000語の語彙力ですら、ネイティブの中学生の語彙にもかなわない。語彙は果てしなく続く領域なのだ。

絶好調!!
今日のノルマ
昨日のノルマ
おうーりゃ
おお

夏休み

■時間をかけて物量作戦！

夏前までに決めた日々のノルマがかなり定着し、**継続可能なノルマにしたことでノルマの達成率が上がり、連戦連勝で今まで以上に気分良く学習に取り組める**ようになってきていた。その良い流れが、夏休みになって自由時間が増えたことによって一気に爆発した。[14]

「時間があるからこその物量作戦！」ということで、読んで読んで読みまくった。この時期には、時間がかかっても精読をしっかりとやった。

夏前までに単語や熟語を倍速リスニングでこなしていたことが、ここでかなり生きた。細かい暗記は集中的に取り組んでも成果が上がるものではなく、地道な継続が重要だ。一方で精読は時間があれば集中的に取り組める。

だからこそ、**一気に時間を投入できる夏前に基礎を固めることは極めて重要**なのだ。A君は夏前に基礎の大部分を固め、夏には**語源・派生語による単語のグルーピングや「システム英熟語」による熟語のグルーピングを活用して暗記定着のさ**

14 ぶっちゃけ、夏休みで何をするかは本当に大切。計画的に過ごそう！

らなる強化を図った。

また一方、精読の教材はレベルが合っていないと壁にぶつかることが多い。だから、始める前にレベルの吟味[15]を徹底的に行い、さらに、気分的に壁にぶつからないように、精読の一方で簡単なものを雑読することを欠かさずに続けた。

夏の誘惑に打ち勝て！

また、一方ですべてが順調にいかないのが夏である。学校がない状況の中で規律のある生活を続けることは難しい。そして、勉強ばかりになってくると飽きも来る。[16]倍速リスニングも多少飽きが来ていた。

そんなときは、**洋楽を聴いてリフレッシュ**した。オススメは「アヴリル・ラヴィーン」だ。曲が良いのはもちろんだが、語彙が平易で、リエゾン（音同士の連結）や無声音などが連発なので、リスニングの学習にぴったりだ。

しかし、飽きとの戦い以上にA君を苦しめたのは自室にあるさまざまな誘惑だった。ゲーム・漫画・雑誌・PCなど、いったん手に取ると1〜2時間は簡単に吹き飛ぶものばかりだった。[17]夏休みの最初の2週間は自制できたものの、中だるみしてくるお盆前になると誘惑に負けてしまった。

そこでA君は自分の精神的な弱さを素直に認め、家族と話し合って、**ゲーム・**

15 自分で吟味するのは結構めんどくさい。友達や先生の口コミで情報を集めよう。

16 モチベーションが下がる時期は誰もが経験する。下がるのは仕方ないとして、それをいかに上げるかが大切。僕の場合、友人と映画を観に行ったりもしていた。

17 雑誌を読んで気づけば3時間も経過していた…。あの時の罪悪感というか、焦燥感はなかなかひどい。

漫画・雑誌・PCを受験が終わるまですべて自室から撤去し、リストラ作戦を実行したのだった。[18] これは効果てきめんだった。人間、近くに誘惑がないと、他にやることがないので、それなりに真面目にやるものである。

最後の追い込み

■秋から年末――弱点を把握する

夏休みが終わって**９月は反動で疲れが出て、ペースを落とした。**このころは基礎力も安定し、読解力も標準的なレベルのものは読みこなせるようになってきていた。**標準的読解スピードも当初の１００語／分程度から１４０語／分程度までは上がっていた。**

このころに問題となったのは、自分の弱点の正確な把握ができにくくなってきたことだった。というのは、それなりに読めるようになったり、文法ができるようになったりしてくると、選択肢問題であれば、理解が甘くても何となく正解してしまうことがある。しかし、これは受験では致命的なミスを招く元になる。

18 はじめこそしんどいが、案外すぐに慣れてしまう。しかし今考えるとまるで修行僧のような生活だなぁ……

そこで、A君はこの時期には、課題英作文の演習を増やした。書くことによって自分の弱点をあぶり出すことを狙っていったものだった。案の定、書き出すと選択肢問題ではわからなかった自分の弱点が浮き彫りになってきた。

また、基礎に関しては、倍速リスニングとともに、**電子辞書で自分がわからない単語・熟語を一元管理**していたことが、この時期になってじわじわ効いていた。苦手な単語・熟語のリストは３０００を超えていた。

年末から直前――二次試験対策を行う

年が明けてからは、センター試験の形式の演習に若干の時間を使ったものの、ほとんどの時間は英語に関しては二次試験対策を行っていた。

本番の形式に合わせた特訓としては、過去問の演習を中心としながら、灘高キムタツシリーズ[19]を使って、**目的を絞り込んだ演習**を行った。また、その中では、春からずっと取り組んできた**精読と雑読の思い切った使い分け**がすっかり定着し、最後の総合問題をかなりスマートな雑読で切り抜けながら、その他の問題を精読でこなしていくことができるようになっていた。この頃には**読解のスピードは162語／分程度まで速く**なり、東大英語の問題でも時間内に解き切れるようになっていた。

19 このシリーズはかなりオススメ。過去問以外で演習できるのが嬉しい。

また、多少の余裕が出てきたので、和訳問題等で出題される**倒置・省略・挿入などの例外的な文章への対応力を『英文読解の透視図』を用いて取り組んだ。**

受験直前期には過去問を解いても英語の得点がかなり安定してきていたので、その分、物理・化学へ時間を配分できるようになり、理科の力も年明けから直前にかけて伸びてきた。[20] ただ、相変わらず数学だけは不安定な状態が続いていた。[21]

受験日から発表まで――力をいかんなく発揮

受験当日、自分は2日目の理科・英語が勝負なので、1日目の**国語・数学は大きなミスをしない**ことを念頭に置いて取り組んだ。国語は**時間配分の練習を徹底していた**ので、解答欄をきっちり埋め切って終了。[22] 数学はひいき目に見るとそれなりだった気はしたものの、やはり手応えはなく、少し憂鬱な気分のまま2日目に備えた。

2日目は、最初の理科はここ最近の過去問演習でも安定していたので、かなり精神的に落ち着いて取り組めた。途中、物理で引っ掛かって焦りかけたものの、何とか乗り切った。最後の**英語は解く順番・時間配分[23]など練習に練習を重ねてきていた**ので、力をいかんなく発揮できた。

---

20 一般論になるが、特に現役生の受験直前期の伸びはハンパない。最後まで粘ろう！

21 数学は大問6つで、一つあたり20点もの配点がある。一つ思いつくのと思いつかないのとで天地の差ができる。本番の体調などのコンディションは万全にしておきたい。

22 解答欄からはみ出すと、採点の対象にならない恐れがある。注意しよう。

23 実は英語に限らず、東大入試はすべて解く順番や時間配分がカギとなっている。他の教科についても対策をしておこう。

前期の受験が終わってからは、後期試験の**論文的な総合問題に備えて「背景知識」を身につけながら、実際に論文を書く演習を繰り返し**ていた。試験終了から発表まで2週間ほどだったが、何だか心ここにあらずの日々が続いていた。[24]

合格発表の日はわざわざ一人で上京した。感動的な合格発表を思い描いていたものの、実家にレタックスで合格通知が届いたらしく、電話で「受かってたよ」と言われ、あっけない合格発表となってしまった。嬉しいけど、ちょっと悲しいような……。ドラマティックな展開はなかなか難しいものですね。

24 それなりにできた感があると、後期試験を受けるかもしれないのに、まったく勉強に集中できなくなる。でも、頑張って後期の勉強を進めよう。

おわりに

はぁー、終わったぁ。長かった……。

まさか自分がこういう本を出すとか微塵も思ってへんかった。

そもそもなんでこの本を出版することになったかというと、僕が英語大好きなんをバイト先の塾長さんが覚えとってくれて、企画を持ちかけてくれたから。っていうか、その塾長さんは執筆協力者の小代さんなんやけど。２人ともゾンビみたいな顔になりながらパソコンに向かっていた日が懐かしい。

とりあえず、執筆という大きな仕事が終わったので、これからまた別のことに精力を注ごうかなー。

その別のことってやつの１つで考えとんが、読書。高校時代とかは、読まなアカンとは思いつつも、結局、勉強を言い訳にして、せずに逃げてきた。でも、大学生なって必要性を痛感した。身内や小代さんとか、社会経験が豊富な大人と社会に出てからの話をよくするようになって、「知識が不足していては社会で生き残れない」ということをよく聞いた。

ぶっちゃけ、僕は知識が貧しい。このまま社会人になることを考えたら恐ろしいわ……。これから頑張ります……はい……。

ああ、書き終わった達成感からか、自分でも意味不明な文章を書いている……。

まあ、よしとしよう。温かい読者の皆さんなら大目に見てくれるでしょう。

せっかくやし、最近、僕が気づいたことを語ろっかな。

皆さんはなんかに全力を注いだこととかあるでしょうか。僕は、自称やけど、結構いろんなことに全力投球してきた。社会人で僕よりもっと大人の人から見たら笑われるかもしれんけど、挫折も多少なりとも味わってきた。自分が全力でぶつかって、アカンかったときってめっちゃヘコむ。

「俺って何やってもアカンのちゃうかな……」って。

自分否定されるんと同じことやから、当然ツライ。頭ではそんなことないってわかっとっても、気持ちは追いついてくれんのよな。

まあ、何が言いたいかっていうと……。こういう状況に陥ったとき、何が必要かって「なんでも腹割って話せる友人」やと思った。

そんな人が1人でもおれば、受験やろうがなんやろうが、乗り越えていけるんちゃうかな。っていう、たかが19歳の意見やけど。

意味のわからないあとがきになってしまった。こんな僕が執筆するのを支えてくれた、小代さんをはじめとして、出版社の方々など、関係者の皆様に感謝の意をここで述べたいと思います。ありがとうございました。

そして、この本を読んでくださった方々の英語力の向上に、この本が少しでも役立つことを願ってやみません。

2009年　初夏

大森　有貴

［著者］

大森有貴（おおもり・ゆうき）

東京大学理科Ｉ類在籍。
得意教科はもちろん英語。現役時代、東大入試でいかに英語で得点するかを考えた。本番ではその対策・解法を以てして試験時間を10分も余らせている。勉強も好きだが、勉強よりも、三度の飯よりも、ぞうさんよりも、スポーツが好きな根っからのアウトドア派。明るくてノリもよく、人当たりがいいが、忘れんぼうなのがタマにキズ。でも遅刻はしない。志塾の受験英語指導は、「優しくてわかりやすい」と人気を博している。

［監修者］

小代義行（おじろ・よしゆき）

志塾　学院長。㈱ユニーク代表取締役。
東大生を主力としたベンチャー企業を経営し、書籍執筆、会社経営、ITビジネス立上など、数多くの自己実現の機会を学生に提供している。また、正社員のアメリカ人と日常的に英語で接しており、効率的な英語学習の方法を自らも模索・実践している。本シリーズの『東大生が教える！超暗記術』『東大生が教える！超集中術』の著者はいずれも志塾の講師出身である。

東大生が教える！　超《スーパー》英語術

2009年７月30日　第１刷発行

著　者——大森有貴《おおもりゆうき》
監修者——小代義行《おじろよしゆき》
絵————平良さおり
発行所——ダイヤモンド社
〒150-8409　東京都渋谷区神宮前６-12-17
http://www.diamond.co.jp/
電話／03･5778･7236（編集）　03･5778･7240（販売）
装丁————タカハシデザイン室
カバー写真—須藤夕子
本文デザイン—荒井雅美・新沼寛子（TYPE FACE）
製作進行——ダイヤモンド・グラフィック社
印刷・製本—ベクトル印刷
編集協力——安藤柾樹（クロスロード）
編集担当——土江英明

ISBN 978-4-478-00996-3